オーナー・管理会社のお悩み解決！

不動産賃貸業のインボイス対応 Q&A50

大家さん専門税理士
渡邊 浩滋 著

はじめに

大家さん専門税理士の渡邊浩滋です。
自分自身も賃貸経営をしています。

私はもとから大家さんをやりたかったわけではありません。
実家が地主の家系で，祖父の相続対策で借金をしてアパートを建てたことが始まりです。
相続により，私の父が引き継いで賃貸経営をしていました。
しかし，父は経営というものがわかっていなかったため，杜撰な経営で，空室があっても何もせず，お金の管理もできず，で借金が返せない状態にまで追い込まれました。固定資産税も払えず差し押さえまでされました。
「このままではマズイ」と思って，私が経営を引き継ぎ，財務改善をして立て直しをしたのです。
この経験から同じようにお金に困っている大家さんが多くいるのではないかと思い，大家さん専門税理士の道を進みました。

2023年10月からインボイス制度が始まります。
私は不動産業界が一番影響を受ける制度と思っています。
しかし，まだまだ認知が足りないのか，その影響度合いがわからず準備をされていない不動産オーナーや不動産管理会社さんが見受けられます。

インボイス制度は，消費税の話です。
消費税を納めていない免税事業者だからと言って，関係ないと思っていませんか？
しかし，免税事業者が最も影響します。
難しくてよくわからないからといって避けて通ることができない制度なのです。

本書は，インボイス制度の理解と対策の準備のために，できる限り簡単に，実務に沿った内容になるように心がけて執筆しました。

読者の皆さまのお役立てれば幸いです。

2023年９月　渡邊浩滋

Contents

Part 1 状況別 インボイスの影響

Part2　インボイスQ&A

II　賃貸編 …… 80

Part3 用語解説

凡例

本書で使用した税法等の略称は以下のとおりです。

消法	消費税法
新消法	28年改正法等による改正後の令和５年10月１日以降適用される消費税法
消令	消費税法施行令
新消令	改正令等による改正後の令和５年10月１日以降適用される消費税法施行令
28年改正法	所得税法等の一部を改正する法律（平成28年法律第15号）
改正令	消費税法施行令等の一部を改正する政令（平成30年政令第135号）
インボイス	適格請求書
インボイス制度	適格請求書等保存方式
インボイス通達	消費税の仕入税額控除制度における適格請求書等保存方式に関する取扱通達の制定について（法令解釈通達）
Ｑ＆Ａ	免税事業者及びその取引先のインボイス制度への対応に関するＱ＆Ａ

なお，本書では，国内の事業者が適格請求書発行登録申請書を提出し，税務署における審査を経て，適格請求書発行事業者として登録されることを「インボイス登録」としております。

本書の内容は発行時の情報であり，今後の通達改正や税法の解釈によって，内容に変更がある可能性があることご了承ください。

Part 1

状況別 インボイスの影響

Ⅰ　インボイス制度とは

Ⅱ　インボイス制度で不動産オーナーが受ける影響

Ⅲ　不動産オーナーのインボイス登録の判断

Ⅳ　管理会社が受ける影響

Ⅴ　不動産売買で受ける影響

I　インボイス制度とは

令和５年10月１日からインボイス制度（正式名称は「適格請求書等保存方式」）が開始されます。

インボイス制度は，消費税の話です。

不動産オーナーは消費税を受け取っていても納める義務がない免税事業者が多いため，消費税に馴染みのない不動産オーナーにとって非常に分かりづらい制度です。

しかし，不動産オーナーに大きな影響を与える制度なのです。

インボイス制度が始まるまでに制度をしっかりと理解し，どのように対応するべきなのかを準備する必要があります。

まずは次の５つのポイントを意識すると理解できるのではないかと思います。

【インボイス制度を理解するための５つのポイント】

ポイント①　免税事業者こそ影響がある

ポイント②　インボイス登録は課税事業者のみ

ポイント③　登録するかどうかは任意

ポイント④　インボイスがないと仕入税額控除ができない

ポイント⑤　インボイス制度によって益税がなくなる

（※）　免税事業者とは，用語解説「I課税事業者と免税事業者」を参照してください。

1 消費税の課税事業者になる場合

課税事業者とは，消費税の申告義務がある人をいいます。

消費税の申告義務がない人のことを，免税事業者といいます。

原則，２年前（２期前）の課税売上高が1,000万円超えている場合に，消費税の課税事業者になります。これは年（期）ごとに判定していきますので，課税売上高によって，消費税の課税事業者になったり，免税事業者になったりする場合があります。

また，免税事業者は，消費税の課税事業者選択届出書を提出することで，課税事業者になることもできます（消費税還付を受けるためには，課税事業者になっている必要があります）。

不動産オーナーの売上のなかで，課税売上げになるものとならないものを整理すると，下記のようになります。

課税売上げになるもの	非課税売上げになるもの
店舗，事務所の家賃，共益費	住宅用の家賃，共益費
駐車場（施設）の賃料	土地の賃貸料
賃貸建物の売却金額	土地の売却金額

住宅用アパート・マンションを所有する不動産オーナーは，非課税売上げがほとんどなので免税事業者である場合が多いです。

ポイント①　免税事業者こそ影響がある

2 インボイスって何？

インボイスとは，請求書や納品書，領収書，レシート等に売手が買手に対し正確な適用税率や消費税額等を伝えるために，登録番号など必要事項が記載されたものをいいます。

今まで発行してきた請求書や領収書と全く別ものということではありません。インボイスの例を見てみてください。

《インボイスに記載する必要事項》

① 請求書発行者の氏名又は名称及び登録番号

② 取引年月日

③ 取引内容（軽減税率対象品目である旨）

④ 税率ごとに区分して合計した対価の額（税抜き又は税込み）及び適用税率

⑤ 税率ごとに区分した消費税等

⑥ 書類の交付を受ける事業者の氏名又は名称（宛名）

《インボイスの見本》

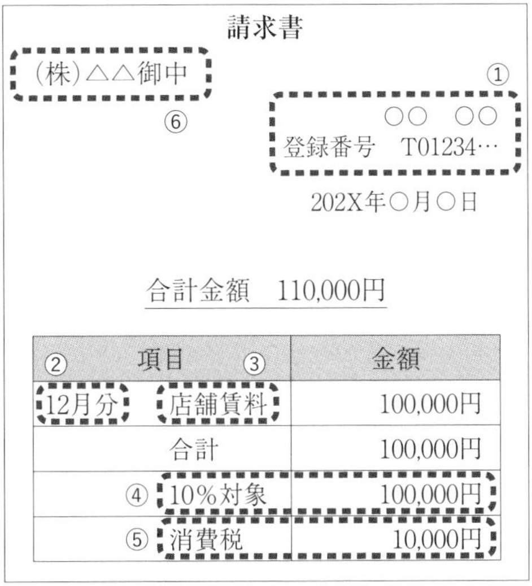

請求書

(株)△△御中 ⑥

① ○○　○○
登録番号　T01234…

202X年○月○日

合計金額　110,000円

② 項目 ③	金額
12月分　店舗賃料	100,000円
合計	100,000円
④ 10%対象	100,000円
⑤ 消費税	10,000円

大きく変わるのは，インボイス登録番号が記載されることくらいでしょう。

ここがポイントなのです。

インボイス登録番号は，インボイスを登録した事業者しか与えられないものです。つまり，インボイスを登録しないとインボイスが発行できません。

そして，インボイス登録するためには，消費税を納める義務のある課税事業者である必要があります。

消費税を納める義務のない免税事業者は，インボイス登録するためには課税事業者にならなければといけないということです。

課税事業者は，原則，２年前（２期前）の課税売上げが1,000万円超えている場合です。課税売上げが1,000万円以下であっても消費税の課税事業者選択届出書を提出することで，課税事業者になることもできます。

なお，免税事業者が令和５年10月１日から令和11年９月30日までの日の属する課税期間中に登録を受ける場合，課税選択届出書を提出する必要なく，課税事業者になることができる経過措置が設けられています。

つまり，免税事業者はインボイス登録と引き換えに，消費税を納めることになるということです。

ポイント②　インボイス登録は課税事業者のみ

3 インボイス登録は強制？

インボイス制度が始まるからといって免税事業者は課税事業者になってインボイス登録しなければならないということではありません。

インボイス登録は義務ではなく，任意です。

今までどおり免税事業者を維持してもいいし，インボイス登録して課税事業者になってもよいということです。

その判断は個々の事業者に委ねられているのです。

ただし，登録が任意であれば，「登録しなくてよい」というわけにはいかないのです。

登録しないことによる弊害が出るのです。

ポイント③　登録するかどうかは任意

4 インボイス制度はいつ導入された？

インボイス制度は2019年10月から消費税率が８％から10％になる際に導入された制度です。その際に軽減税率が適用される商品やサービスを設けました。消費税率が２段階になることで，税率と税額を区分して明確化するように義務付けるものです。

消費税率が８％のものと10％のものが混在しているので，売主が10％のつもりで販売していても，買主が８％のつもりで買っていたことも起こり得ます。

この税率と税額の認識が異ならないように，インボイスを発行して明確にしようというものになります。

2019年10月から４年間の経過措置を経てインボイス制度が開始されるのです。

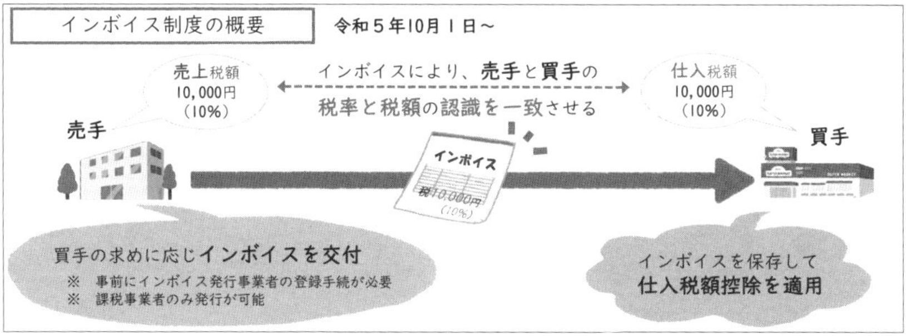

（出典：国税庁「インボイス制度への事前チェックシート」）

5 消費税の計算とインボイス制度の目的

消費税は消費者が負担する税金です。

しかし，国に直接納税しているわけではありません。消費税を預かる事業者が消費者の代わりに納税しているのです（間接税といいます）。

この事業者は次の計算をし，納税（又は還付）しています。

売上に係る消費税 （預かった消費税）	−	仕入に係る消費税 （支払った消費税）	＝	納税（還付）

例えば100万円の商品を販売した場合には，10％の消費税のせて110万円で代金を受け取ります。この10万円が売上に係る消費税です。

この商品を80万円で仕入れた場合には，10％消費税をのせた88万円で代金を払っているのです。この８万円が仕入に係る消費税になります。

預かった10万円の消費税から，支払った８万円の消費税を引いた２万円を納税することになるのです。

もし，支払った消費税の方が預かった消費税よりも多い場合には，マイナスになります。

このマイナス分が還付として戻ってくる仕組みになっています。

インボイス制度が始まると，事業者は交付されたインボイスを保存しないと仕入税額控除ができないというルールになります。

ポイント④　インボイスがないと仕入税額控除ができない

仕入税額控除とは，上記の計算の仕入に係る消費税を差し引くことです。

売上に係る消費税 （預かった消費税）	−	仕入に係る消費税 （支払った消費税）	＝	納税（還付）

（仕入に係る消費税（支払った消費税）→）仕入税額控除

消費税の二重課税を解消するために仕入税額控除ができる仕組みにしています。

● 二重課税を解消するとは

最終消費者まで流通経路が段階的になっていることがあります（例：メーカー ⇒ 卸売 ⇒ 小売）。

取引が発生している都度，売上に係る消費税だけを納めると，二重課税になってしまいます。

次のような流通過程を経て，消費者に販売することで考えてみましょう。

① 生産・製造業者は，卸売業者に55,000円（税込み）で販売

② 卸売業者は，小売業者に77,000円（税込み）で販売

③ 小売業者は消費者に110,000円（税込み）で販売

各事業者に「売上に係る消費税」だけを納めさせると，22,000円になってしまい，消費者が払った10,000円の消費税と一致しません（二重課税になっている）。

以下，図は国税庁資料を加工したものです。

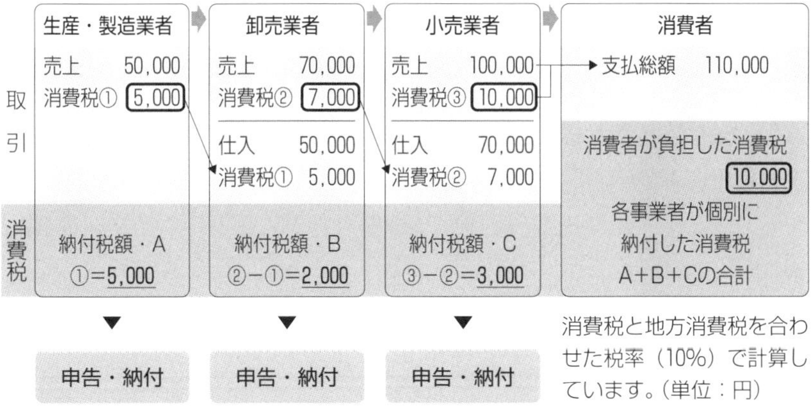

消費税と地方消費税を合わせた税率（10%）で計算しています。（単位：円）

そこで各事業者が仕入れた際に払った消費税を差し引くと差額の合計が，消費者が払った10,000円と一致することになります。

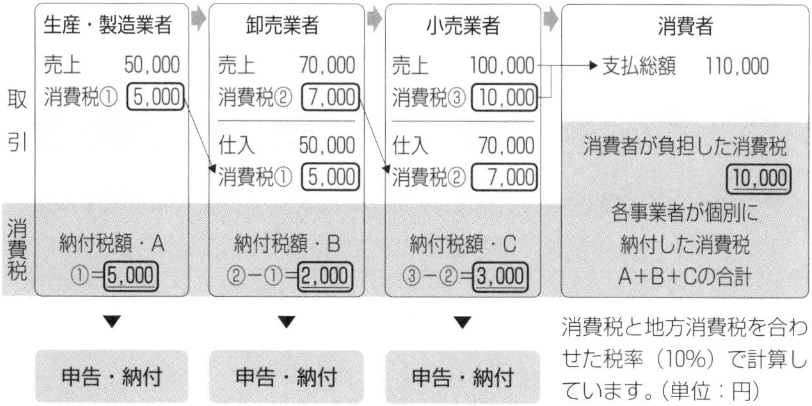

しかし，これは登場する事業者が全て課税事業者でいることが前提になります。この中に免税事業者がいた場合にはどうなるのでしょうか？

仮に生産・製造業者が免税事業者の場合を考えてみましょう。

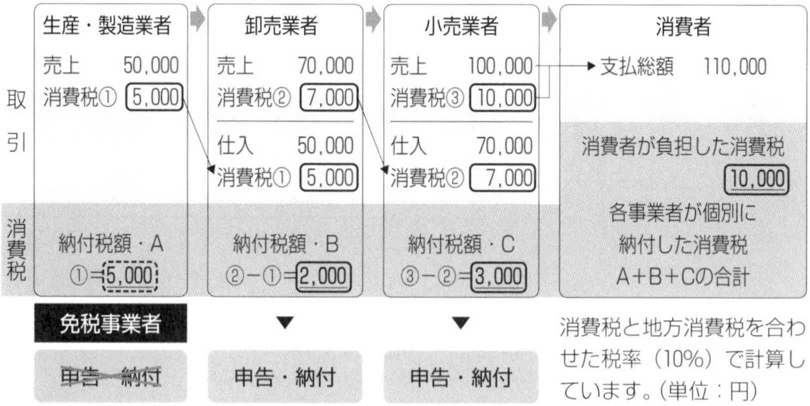

免税事業者は消費税を受け取ったとしても消費税を納める義務が免除されています。

免税事業者である生産・製造業者が受け取った5,000円の消費税は国等に納付されないことになります。

すると，国等に納付される消費税は卸売業者の2,000円と小売業者の3,000円の合わせて5,000円です。

消費税が負担した10,000円と一致しなくなってしまうのです。

今まで，免税事業者が受け取る消費税は益税として制度上は問題ないとされていました。

しかし，インボイス制度によって，インボイスがないと仕入税額控除をさせないというルールになると，この益税がなくなると言われています。

今回の例では，免税事業者である生産・製造業者はインボイス登録できないためインボイスが発行できないことになります。

すると，次のようになるのです。

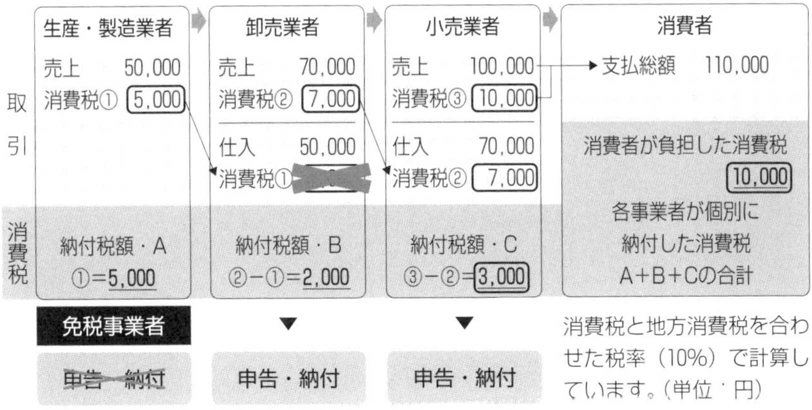

免税事業者から購入した卸売業者は，インボイスの交付を受けられないため，支払った5,000円の消費税を差し引けないことになり，7,000円の消費税を納めることになります。

卸売業者が納める7,000円の消費税と小売業者の3,000円と合わせると

10,000円になります。

これで消費者が負担した10,000円とぴったり一致するわけです。

インボイス制度の真の目的はここにあります。

しかし，これでは卸売業者は消費税を仕入先にも払い，国にも払うという二重払いの状況に陥ります。

インボイスの交付を受けられないのであれば，仕入先に消費税を払わないように交渉したり，インボイスが発行できる仕入先を探すことになるでしょう。

ここがインボイス制度の最大の問題点になるのです。

ポイント⑤　インボイス制度によって益税がなくなる

Ⅱ インボイス制度で不動産オーナーが受ける影響

1 インボイス導入前と後の影響

インボイス制度が開始された場合，不動産オーナー自身は免税事業者でも直接的な影響ありません。

しかし，課税取引である消費税を払う借主側（店舗のテナント入居者など）が困ってしまいます。

例えば，テナントの家賃が月100万円の場合（年間1,000万円超えますが，わかりやすいようにこの金額にしています)，消費税込みで110万円を不動産オーナーが請求したとき，現在は，テナント入居者は10万円分の消費税の仕入税額控除を受けられました。

しかし，インボイス制度が始まると，不動産オーナーがインボイス登録事業者でなければ（免税事業者)，仕入税額控除ができなくなるのです。

つまり，テナント入居者が消費税分10万円分を実質的に負担することになります。

《インボイス制度導入前》

借主は，不動産オーナーが免税事業でも課税事業者でも影響を受けません。

《インボイス制度導入後》

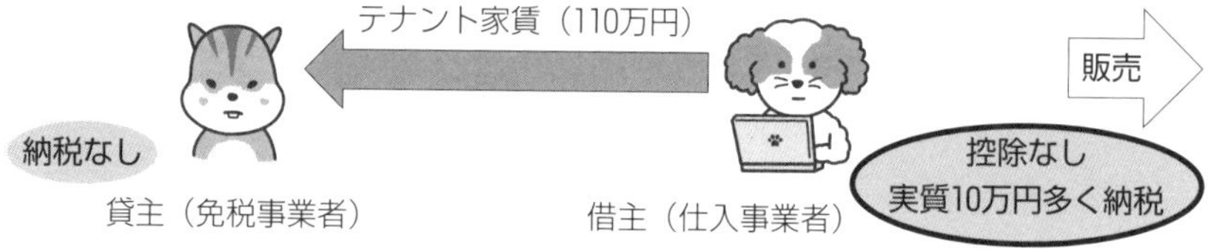

借主は，不動産オーナーが免税事業者か課税事業者かで消費税の負担が異なります。

テナントの家賃もらっていながら課税売上げが1,000万円以下の不動産オーナーは，消費税を受け取ってもその消費税を納めなくてよく，これが益税として自身の利益とすることができていました。

インボイス制度が始まることによって，下記いずれでも消費税は徴収されます。

- 不動産オーナーが免税事業者の場合は，借主（テナント入居者など）に消費税を負担してもらう。
- 不動産オーナーがインボイス登録して課税事業者になれば，不動産オーナーに消費税を負担してもらう。

つまり，益税がなくなるということなのです。

2 消費税を納めるか家賃を減額するかの選択

不動産オーナーが免税事業者のままでは，テナント入居者が消費税分を実質的に負担することになってしまいます。

借主は余計な消費税の負担を回避したいと考えるのは当然のことでしょう。

インボイスが開始されると借主は次のように行動し，不動産オーナーとして選択をしなければならない事態が起こりえます。

《借主として取る行動》

- 退去して，インボイス登録している貸主の物件を借りる
- 貸主に消費税分を減額するように要求する

《不動産オーナーとして取る選択肢》

- 課税事業者となってインボイス登録事業者となる
- 家賃のうち消費税分を減額すること

このような状況に立たされるのは，店舗・事務所利用で貸している部屋がある場合の他，駐車場収入，太陽光発電収入など課税売上げが（少額でも）あるときです。

3 インボイス登録が必要か？

インボイス制度は不動産オーナー全てに影響するわけではありません。

まずはインボイス登録が必要かどうかを判定するためのフローチャートを見ていきます。

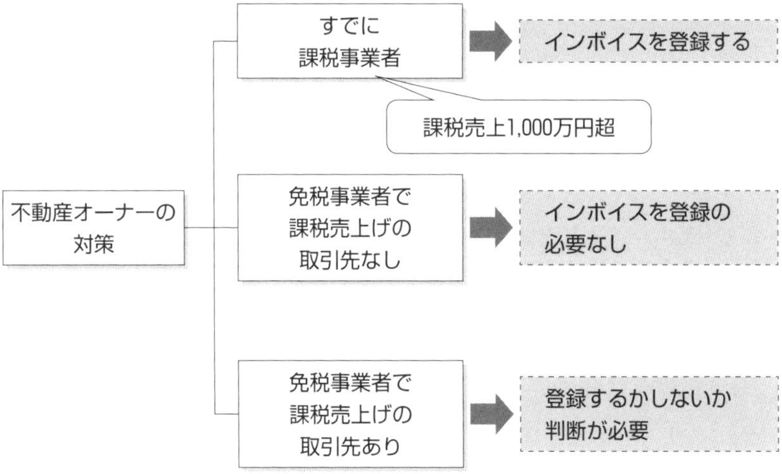

⑴　すでに課税事業者の場合

毎年の課税売上げが1,000万円を超えているなど，すでに消費税の課税事業者になっている方はインボイス登録をしましょう。

課税事業者であれば，消費税をすでに納税しているため，インボイス登録することによって新たな税負担は発生しません。

登録しないことにより，テナント借主などが払う家賃の消費税が控除できない（仕入税額控除ができない）ことになってしまいます。

⑵　免税事業者で課税売上げの取引先がない場合

住宅用の家賃については非課税とされています。

また，社宅は住宅用なので，この家賃も非課税になります。

サブリース会社に賃貸していても，住宅用の家賃であれば非課税です。

非課税であれば，借主は仕入税額控除がそもそもできないものになるため，インボイス制度によって影響を受けることはありません。

駐車場の賃貸などの課税取引がなければ，インボイス登録の必要はありません。

しかし，住宅用の物件を賃貸していたとしても下記の取引は課税取引になります。インボイス発行の要求がある可能性がありますので，ご注意ください（21ページ参照）。

①　入居者負担分の原状回復工事費用

②　共益費とは別に入居者から徴収する電気代・水道代（不動産オーナーが支払う電気代・水道代が，各入居者からもらう金額とに差額がある場合）

⑶　免税事業者で課税売上げの取引先がある場合

課税売上げが1,000万円以下など課税取引があっても免税事業者になっている方は，登録するかしないかの判断が必要です。

インボイス登録は任意です。

登録すれば消費税の納税が発生しますし，登録しなければ，テナント入居者の退去や家賃の値下げリスクがあり，悩ましいところです。

4 不動産賃貸業の歪んだ消費税制度

インボイス登録した方がよいかどうかについては，慎重に判断するべきです。

判断基準は後述するとして，なぜ慎重に判断するべきか，不動産オーナーの消費税課税の背景を知っておいてもらいたく思います。

(1) 売上の規模に関係なく影響を受ける

インボイス制度は課税取引のある免税事業者が影響を受ける制度です。

通常，売上規模が少ない場合に，免税事業者となります。不動産賃貸業は売上の規模に関係なく免税事業者になっているケースが多いという特徴があります。

住宅用アパート・マンションを所有する不動産オーナーは，非課税売上げがほとんどなので免税事業者である場合が多いのです。

家賃収入が１億円でも２億円あっても免税事業者になっていることがよくあります。

しかし，駐車場など課税売上げになるものも少なからずあります。

売上が大きくてもインボイスの影響を受ける業種なのです。

(2) 非課税売上げに係る消費税の問題

不動産オーナーは免税事業者が多いため，消費税の申告をしている方は多くありません。しかし，消費税の負担を強いられているという立場にいます。

現状の消費税の計算では，原則，非課税売上げに係る消費税は控除できないことになっています。

アパートやマンションの家賃収入に対応する経費に係る消費税（例えば，リフォーム代にかかる消費税）は仕入税額控除ができません。

消費税は消費者が負担する税金ですが，事業者である不動産オーナーが負担することになっています。

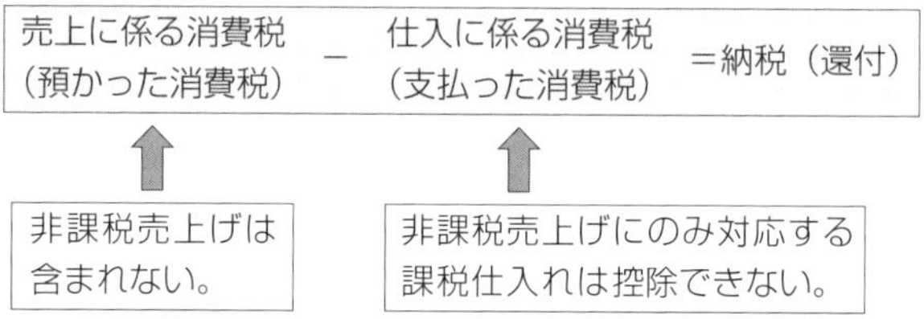

インボイス登録をして課税事業者になったとしても，この消費税は控除ができません。

インボイス登録をして消費税の控除や還付を受けられて得になるケースは非常に少ないのです。というのも，次に紹介する消費税法改正の影響を受けているからです。

⑶　消費税還付の規制

非課税売上げに対応する経費の消費税については，一括比例配分方式を選択することや課税売上割合を95％以上にすることで控除できなくはありません。

この控除の仕組みを利用してアパートやマンションの建築代金の消費税還付が行われてきた事実もあります。

しかし，行き過ぎた消費税還付スキームに歯止めをかけるために，税制改正によって不動産賃貸業の消費税の仕組みが変わってしまいました。

「令和２年10月１日より，原則として，国内において行う居住用賃貸建物に係る課税仕入れ等の税額については，仕入税額控除の対象としない」となったのです。

この改正により，実質的にアパートなどの建物取得に係る消費税還付ができなくなりました。

仕入税額控除させないということは，消費税の負担は「不動産オーナーが負いなさい」ということです。

不動産オーナーは消費税で不利な立場に立たされています。

⑷　過去の税制改正の弊害

アパート・マンションの消費税還付を防ぐために過去，いくつか税制改正が行われてきました。

その改正内容がいまだに残っているため様々な弊害を及ぼしています。

> 平成28年４月１日以後，消費税の課税事業者（原則課税）になっている年に，1,000万円（税抜）以上の建物，附属設備，構築物などを購入した場合には，その年を含む３年間課税事業者が強制される。

これは消費税還付を防ぐために，課税売上割合が著しく変動したときの調整を受けさせるために，調整時に免税事業者や簡易課税制度を適用させないようにしたものです。

令和２年の税制改正で，「居住用賃貸建物に係る課税仕入れ等の税額については，仕入税額控除の対象としない」と抜本的な改正をしたにもかかわらず，この制度はいまだに残ってしまっています。

例えば，賃貸アパートを売却した場合，建物売却金額が1,000万円超あると，２年後（２期後）に課税事業者になります。そして，たまたま課税事業者の年に賃貸アパートを購入し，その建物金額が1,000万円以上である場合には課税事業者である期間が延びることになります。

20X1年	20X2年	20X3年	20X4年	20X5年
免税事業者	免税事業者	課税事業者 (原則課税)	課税事業者 (原則課税)	課税事業者 (原則課税)
建物売却 1,000万円超		建物購入 1,000万円以上		

そして，この課税事業者である期間に，また別の賃貸アパートを売却すると（簡易課税制度を適用できないため），多額の消費税を支払わなければならない可能性があります。

そのため，売却や購入の時期をコントロールする必要があるということになります。

ちなみに，購入する年に簡易課税制度になっていれば３年間の強制は回避することが可能です。

20X1年	20X2年	20X3年	20X4年	20X5年
免税事業者	免税事業者	課税事業者 (簡易課税)	免税事業者	免税事業者
建物売却 1,000万円超		建物購入 1,000万円以上		

居住用賃貸建物の課税仕入れは原則認められなくなりましたが，完全にできなくなったわけではありません（46〜48ページ参照）。

「課税期間の初日以後３年以内に，住宅の貸付け以外に供した場合，又は譲渡した場合は，仕入税額控除に加算して調整する」とされています。

消費税還付の可能性がある物件については，簡易課税を選択することは慎重に判断する必要があります。

不動産賃貸業の消費税は非常に複雑化してしまっているのです。

⑸ 課税事業者になることの落とし穴

私は免税事業者である不動産オーナーに安易にインボイス登録を勧めないようにしています。

なぜならば，インボイス登録をして課税事業者になることによる見えないデメリットがあるからです。

賃貸経営の課税売上げは，店舗，事務所，駐車場収入のように消費税がかかっていると目に見えるものだけではありません。課税事業者になると，下記の取引についても消費税を納めることになります。

これを私は，「隠れ課税売上げ」と命名し，注意喚起をしています。

① 入居者負担分の原状回復工事費用

入居者が退去する場合に，敷金を全額返金しない場合があります。

入居者が負担する修繕費を差し引いて，残った敷金だけを返却します。この返却しなくてよくなった敷金が，課税売上げになります。

国税庁のホームページでは下記のように説明されています。

> 建物の賃借人には，退去に際して原状に回復する義務があることから，賃借人に代わって賃貸人が原状回復工事を行うことは賃貸人の賃借人に対する役務の提供に該当します。
>
> したがって，保証金から差し引く原状回復工事に要した費用相当額は課税の対象になります。

入居者がやるべき原状回復工事を不動産オーナーが代わりにやっているサービスだから課税取引だという理屈です。

これは，住宅用の部屋であっても，課税売上げになります。

② 共益費とは別に入居者から徴収する電気代・水道代

部屋ごとに個別メーターがない場合，不動産オーナーが電気代・水道代を一括で支払い，各入居者に使用分を請求することがあります。

この場合の請求する電気代・水道代が課税売上げになることがあります。

不動産オーナーが支払う電気代・水道代が，各入居者からもらう金額と一致していれば，つまり，差額が生じずに，「預り金」として処理して，単に不動産オーナーを通過しているに過ぎないものは，消費税はかからないことになります。

しかし，「預り金」処理ができないような差額が生じる場合，つまり，使用量に関係なく一定額で請求していたり，不動産オーナーが少しでも多めに徴収しているような場合には，（差額だけでなく）徴収金額の全体が課税売上げになるのです。

これも住宅用の部屋であっても課税売上げになるのです。

③　賃貸物件を売却した場合の建物売却代金，固定資産税精算金

賃貸している物件を売却した場合，住宅用，テナント物件問わず，建物の売却代金は課税売上げになります。

固定資産税の精算金は売買代金の一部なので建物分についての精算金は，消費税が課税されるのです。

Ⅲ 不動産オーナーのインボイス登録の判断
―免税事業者はインボイス制度にどう対応すればよい？

1 インボイス登録するかどうかの判断フローチャート

【インボイス登録するかどうかの判断フローチャート】

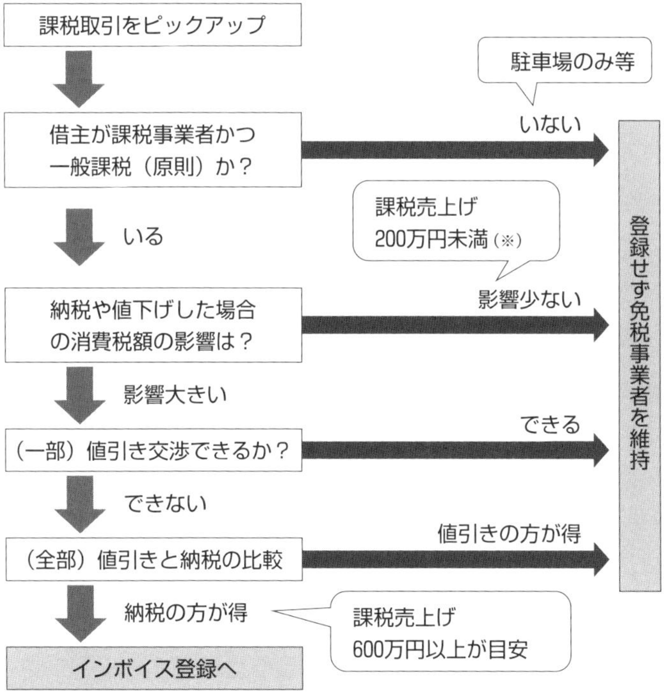

※後述(3)参照

免税事業者で課税売上げの取引先がある不動産オーナーは，インボイス登録するべきかどのように判断すればよいでしょうか。

判断しやすいようにフローチャートを作ってみましたので参考にしてく

ださい。

(1) 課税取引をピックアップ

まず，店舗や事務所に賃貸している物件や駐車場など課税売上げになる物件がどのくらいあるのかを確認しましょう。

(2) 借主が課税事業者かつ一般課税（原則）か？

インボイス登録をしないと借主は仕入税額控除ができないことになりますが，借主全員がその影響を受けるわけではありません。

仕入税額控除ができないことによって消費税の負担が増えてしまうのは，取引先（借主）が消費税の課税事業者であり，原則課税になっている場合です。

つまり，借主が免税事業者（原則，２年前の課税売上げが1,000万円以下など）である場合には，消費税の納税義務がありませんので，インボイスによる影響は受けません。

また，借主が課税事業者であっても，簡易課税制度を選択している場合（２年前の課税売上げが5,000万円以下などの要件を満たしている場合）にも，インボイスによる影響は受けません。

仕入に係る消費税を取引ごとに計算しないため，インボイスの保存が必要ないとされているからです。

影響を受けない人に共通するのは，事業をしていない，もしくは，事業の規模が小さい（個人事業主に多い傾向にある）方です。

ただし，これらが影響しない借主であっても気をつけなければならないことがあります。Part2のQ17を参照してください。

(3) 納税や値下げした場合の消費税額の影響は？

課税売上高が大きくなければ，インボイス登録せずに消費税を取らないという選択肢もありだと考えます。

具体的な例として，課税売上高200万円（税込み）の場合で考えてみます。

① インボイス登録して消費税を納税（簡易課税制度を適用）するケース

⇒ 消費税の負担額は，約11万円になります。

② インボイス登録せずに消費税分を値下げするケース

⇒ 消費税分を値下げによる賃料の減少分は約18万円です。

差額は７万円でますが，インボイス登録をすると消費税申告が必要になっていきます。

消費税申告書の作成の手間や，消費税申告を税理士に依頼する場合の費用の発生を考えると，その差はあまりないように思います。

したがって，課税売上高200万円（税込み）未満であれば，インボイス登録せず免税事業者を維持し，消費税をもらわないという判断でもよいのではないでしょうか。

⑷ （一部）値引き交渉できるかどうか

インボイス制度が導入されても，急激な変化にならないように経過措置が設けられています。

経過措置の期間中は，免税事業者からの課税仕入れについても，仕入税額相当額の一定割合を控除できることになります。

期間	控除
2023年（令和５年）10月１日～2026年（令和８年）９月30日	80%控除
2026年（令和８年）10月１日～2029年（令和11年）９月30日	50%控除

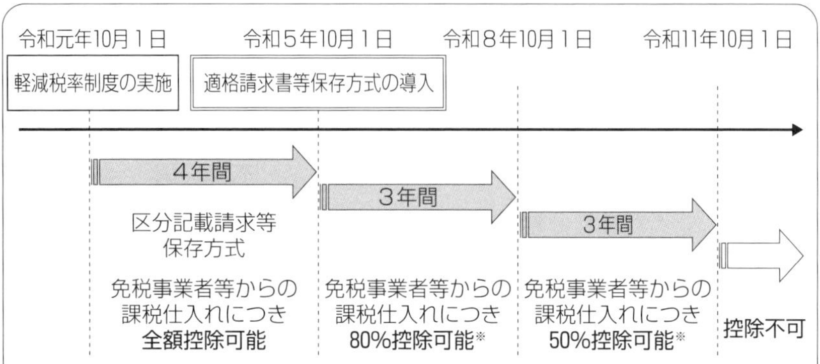

※　この経過措置による仕入税額控除の適用に当たっては，免税事業者から受領する区分記載請求書と同様の事項が記載された請求書等の保存とこの経過措置を受ける旨（80%控除・50%控除の特例を受ける課税仕入れである旨）を記載した帳簿の保存が必要です。

（出典：国税庁「適格請求書保存方式の概要－インボイス制度の理解のために－」）

これを利用して，免税事業者のまま，仕入税額控除ができない部分に相当する金額を値引きすることで，取引先の負担がないようにできないでしょうか？

例を挙げて説明します。

テナント家賃110万円（うち消費税相当分10万円。年間1,000万円超えますが，わかりやすいようにこの金額にしています）を経過措置に合わせて，本体家賃を２万円値引きした場合，５万円値引きした場合で比較すると下記のとおりになります。

（単位：万円）

	簡易課税制度を利用した場合	本体家賃２万円を値引きした場合（80%控除期間）	本体家賃５万円を値引きした場合（50%控除期間）
本体家賃	100	98	95
消費税分	10	9.8	9.5
請求書金額	110	107.8	104.5
借主の仕入控除消費税	10	7.84	4.75
借主実質負担額	100	99.96	99.75
貸主受取り収入	110	107.8	104.5
負担消費税	6	0	0
貸主の実質手残り	104	107.8	104.5

経過措置の期間は値引きで対応した方が，簡易課税制度を利用した場合よりも，不動産オーナー及びテナント入居者の実質的な手残りが多いことがわかります。

免税事業者である不動産オーナーが，テナントなどの借主に消費税分を請求している先がある場合には，借主に減額で対応してもらえるかどうかを確認してから，登録事業者（課税事業者）になるかどうかを検討してみてもよいのではないでしょうか？

＜参考＞　緩和措置VS経過措置　どちらがよい？

令和５年度税制改正で，免税事業者が課税事業者になった場合に，緩和措置が設けられました。

免税事業者が課税事業者に切り替えた場合，納税額を売上税額の２割に抑える措置が，インボイス導入の2023年（令和５年）10月から３年間の時限つきで設けられました。

例えば，10万円の消費税を受け取った場合には２万円の納税でよいということになります。

改めて，テナント家賃110万円（うち消費税相当分は10万円）を緩和措置を利用してインボイス登録した場合と，免税事業者を維持したまま経過措置に合わせて，本体家賃を２万円値引きした場合で比較すると下記のとおりになります。

（単位：万円）

	緩和措置を利用してインボイス登録をした場合	本体家賃を２万円値引きした場合（80%控除期間）
本体家賃	100	98
消費税分	10	9.8
請求書金額	110	107.8
借主の仕入控除消費税	10	7.84
借主実質負担額	100	99.96

貸主受取り収入	110	107.8
負担消費税	2	0
貸主の実質手残り	108	107.8

緩和措置を利用してインボイス登録をする場合の方が若干有利になります。

しかし，消費税の申告の手間や税理士などの専門家に依頼する場合の費用の負担があることを忘れてはいけません。

値引き交渉ができるのであれば，免税事業者を維持する方向を考えた方がよいと思われます。

(5) （全部）値引きと納税の比較

一部値引き交渉ができなければ，インボイス登録をするしかないと考えるのは早計です。

インボイス登録を選択した場合に気をつけなければならないことがあります。

賃貸経営の課税売上げは，店舗，事務所，駐車場収入のように消費税がかかっていると目に見えるものだけではありません。

課税事業者になると，下記の「隠れ課税売上げ」についても消費税を納めることになります。

これらはアパート・マンションなど住宅用でも課税されるのです。詳細は21，22ページを参照してください。

① 入居者負担分の原状回復工事費用

② 共益費とは別に入居者から徴収する電気代・水道代（不動産オーナーが支払う電気代・水道代が各入居者からもらう金額とに差額がある場合）

③ 賃貸物件を売却した場合の建物売却代金，固定資産税精算金

インボイス登録事業者（課税事業者）となって，簡易課税制度で納税を取るか，店舗や駐車場に係る消費税分家賃値下げして，上記の課税売上げの消費税を取られないようにするか（益税），有利不利の比較をしてみる必要があるということです。

具体例で考えてみたいと思います。

《インボイス制度で値下げか登録かを迫られる取引》

・	店舗収入	264万円（税込）
・	駐車場収入	66万円（税込）
・	太陽光収入（固定買取制度でないもの）	105.6万円（税込）

この取引の消費税分を値下げするか，課税を受けるかの選択になります。

同時に，課税を受ける場合には，下記の隠れ課税売上げについても納税の対象になることを考慮します。

《隠れ課税売上げ》

- 敷金償却分（修繕分）　50万円（税込）
- 敷金償却分（クリーニング分）　200万円（税込）
- 預り金処理しない水道光熱費徴収分　100万円（税込）
- 住宅用建物の売却金額　200万円（税込）

値下げした場合の減額と納税した場合の負担を表で比較すると下記のようになります。

	収入項目	税込金額	消費税額	値下げによる減少	簡易課税による納税
値下げによる収入減少	店舗収入	2,640,000	240,000	240,000	144,000
	駐車場収入	660,000	60,000	60,000	36,000
	太陽光収入	1,056,000	96,000	96,000	28,800
			0	0	
			0	0	
	小計	4,356,000	396,000	▲396,000	▲208,800
隠れ課税売上げの納税	水道光熱費徴収	1,000,000	90,909		18,181
	住宅用建物売却	2,000,000	181,818		72,727
	敷金償却（修繕）	500,000	45,454		13,636
	敷金償却（クリーニング）	2,000,000	181,818		90,909
			0		
	小計	5,500,000	499,999		▲195,453
	合計負担額	9,856,000	895,999	▲396,000	▲404,253

上記の表では，値下げした方が，マイナスが少なくなるのがわかると思います。

このように具体的に当てはめて比較しないと有利不利がわからないのです。

これはどのくらい課税売上げ（隠れ課税売上げ）があるかによって，不動産オーナーごとに影響が異なるからです。

インボイス登録事業者（課税事業者）となって，簡易課税制度で納税を取るか，消費税分家賃値下げして，隠れ課税売上げの消費税を取られないようにするか（益税），有利不利の比較をしてみる必要があるということです。

インボイス登録による納税 （隠れ課税売上げを含む）	VS	**家賃の値下げ** **＋益税**（隠れ課税売上げ分）

《参考》

インボイス登録して緩和措置を適用した場合の納税を追記すると下記の表となります。

緩和措置を使うと登録した方が有利になりますが，令和５年10月から３年間のみに限定されます。

緩和措置の適用期間が終わった後は，簡易課税による納税額になることを考慮して判断する必要があります。

	収入項目	税込金額	消費税額	値下げによる減少	簡易課税による納税	緩和措置による納税
値下げによる収入減少	店舗収入	2,640,000	240,000	240,000	144,000	48,000
	駐車場収入	660,000	60,000	60,000	36,000	12,000
	太陽光収入	1,056,000	96,000	96,000	28,800	19,200
			0	0		
			0	0		
	小計	4,356,000	396,000	▲396,000	▲208,800	▲79,200
隠れ課税売上げの納税	水道光熱費徴収	1,000,000	90,909		18,181	18,181
	住宅用建物売却	2,000,000	181,818		72,727	36,363
	敷金償却（修繕）	500,000	45,454		13,636	9,090
	敷金償却（クリーニング）	2,000,000	181,818		90,909	36,363
			0			
	小計	5,500,000	499,999		▲195,453	▲99,997
	合計負担額	9,856,000	895,999	▲396,000	▲404,253	▲179,197

2 インボイス登録の申請期限

令和５年10月１日からインボイス登録事業者になる場合には，登録申請はいつまでにしないといけないのでしょうか？

課税事業者，免税事業者ともに令和５年10月１日から登録事業者になる場合には，令和５年９月30日までに申請が必要になります。

なお，令和５年税制改正が出る前は，課税事業者が開始に合わせて登録を受けるためには令和５年３月31日までに登録申請が必要で，期限を過ぎた場合には令和５年９月30日までに登録が困難な事情を記載して提出すればよいとされていましたが「困難な事情」は記載しなくてもよくなりました。

しかし，申請してから，登録番号の通知が送付されるまで時間を要するものと思われます。早めに借主に通知できるように，登録申請は余裕をもってしましょう。

Ⅳ 管理会社が受ける影響

不動産オーナーの物件を管理している管理会社は，不動産オーナーがインボイス登録するのか，誰がインボイスの発行をするのか，などの対応に追われているかと思います。

しかし，それ以外にも管理会社独自のインボイスに関する悩みがあるのです。

不動産オーナーは免税事業者が多いですが，管理会社が発注する外注業者にも免税事業者は多いのではないでしょうか？

例えば，設備工事，リフォーム，クロス職人，清掃業などで，個人事業主でやっている方（いわゆる一人親方）で，免税事業者（基準期間の課税売上高が1,000万円以下）になっている方がいると思います。

免税事業者の外注業者がいる場合には，管理会社自身にも大きく影響を受ける可能性があるのです。

1 外注業者との関係は？

外注業者に発注するリフォームなどは不動産オーナーの依頼を受けて行うものです。外注業者，管理会社，不動産オーナーとの関係によってインボイスの影響が異なります。

①　外注業者へ発注したリフォーム代等を仕入として，不動産オーナーに売上として請求する場合

インボイス登録事業者が発行する請求書や領収書（インボイス）がないと仕入税額控除ができないことになります。

この場合，管理会社が仕入業者になるため消費税の計算に影響を及ぼすことになります。消費税の納税額は，「預かった消費税」から「支払った消費税」を差し引いた差額になります。

《インボイス導入前》

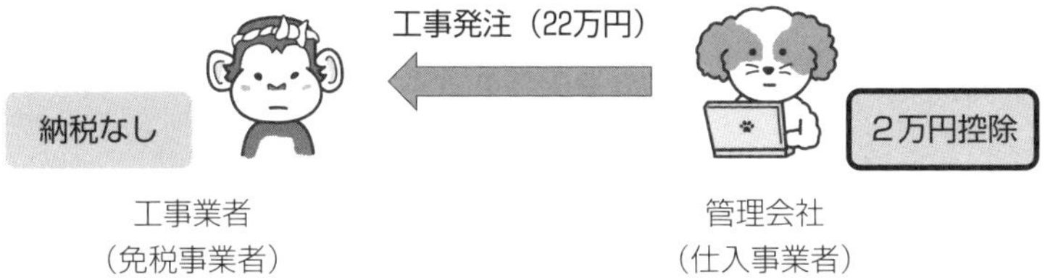

管理会社は，工事業者が免税事業でも課税事業者でも影響を受けません。

《インボイス導入後》

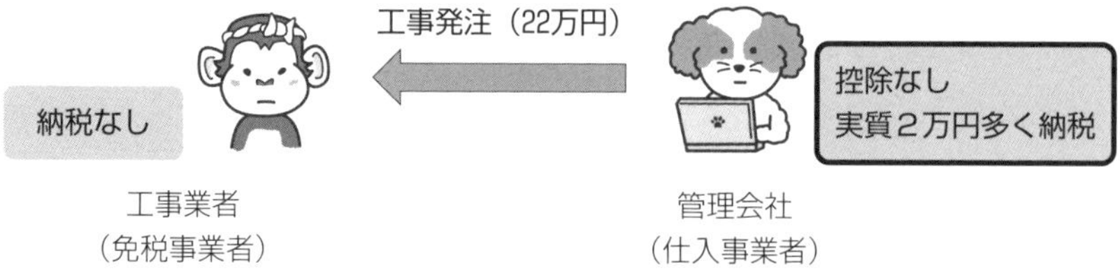

管理会社は，工事業者が免税事業者か課税事業者かで消費税の負担が異なります。

例えば，工事発注が20万円の場合，消費税込みで22万円工事業者が請求しても，導入前は，管理会社は２万円分の消費税の仕入税額控除を受けられました。

しかし，インボイス制度が始まると，工事業者がインボイス登録事業者でなければ（免税事業者），仕入税額控除ができなくなるのです。

つまり，管理会社が消費税分２万円分を実質的に負担することになります。

管理会社の利益に直結する話なので大きな影響です。

②　外注業者へ発注したリフォーム代等を立替金として，不動産オーナーに請求する場合

上図のように管理会社が発注して支払う工事代金が立替払に過ぎない場合には，不動産オーナーが仕入税額控除をするためには，工事業者のインボイスが必要になります。

つまり，工事業者が免税事業者であれば，不動産オーナーの仕入税額控除ができないことになります。管理会社は立替払のため，仕入税額控除の問題がないことになります。

管理会社が消費税の負担を強いられることはないということです。

しかし，仮に工事業者が課税事業者となってインボイス登録した場合でも，管理会社にとっては少し厄介な問題が出てきます。

管理会社が不動産オーナーにインボイスを発行しても，不動産オーナーは仕入税額控除ができません。

管理会社は立替先であり，直接の請求元ではないためです。また，管理会社が，工事業者から交付されたインボイスを不動産オーナーに渡しても，不動産オーナーは仕入税額控除ができません。

インボイスの宛名が管理会社になっているため，記載項目の要件を満たさないためです。

この場合は，工事業者のインボイスのコピーとともに，管理会社が発行する立替金精算書等の書類を一緒に交付して，不動産オーナーに保存してもらう必要があります（インボイス通達４－２）。

Ａ社 ＝ 不動産オーナー，Ｂ社 ＝ 管理会社，Ｃ社 ＝ 工事業者，という関係の場合，次の取引図になります。

《立替金の取引図》

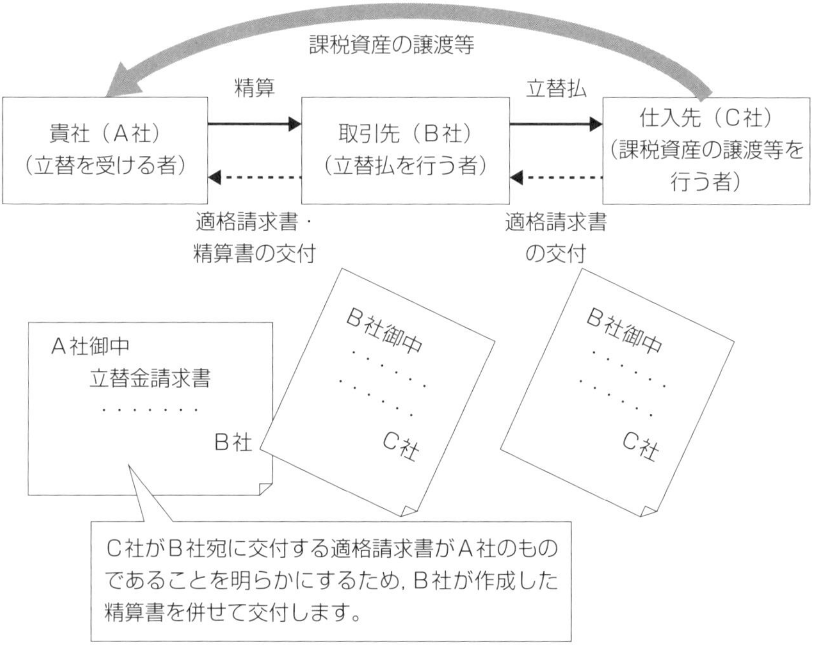

（出典：国税庁「インボイス制度に関するQ&A」問92より）

なお，工事業者のインボイスのコピーが大量になるなどの事情により，管理会社がコピーを交付することが困難なときは，管理会社が工事業者から交付を受けたインボイスを保存し，管理会社が作成する立替金精算書の交付・保存をすることにより，不動産オーナーは仕入税額控除ができることになります。

この立替金精算書には，インボイス発行事業者からの仕入か，それ以外の仕入かどうかを明らかにし，適用税率ごとに区分するなど，仕入税額控除に必要な事項が記載されていることが求められます。

2 管理会社の対応と独占禁止法，下請法違反のリスク

管理会社がインボイスの影響を受けるのは，上記**1**(1)の外注業者へ発注したリフォーム代等を仕入として，不動産オーナーに売上として請求する場合になります。

外注業者が免税事業者のままでいると，管理会社の消費税負担が増えてしまいます。

そこで考えられるのが，以下の２つです。

① インボイス登録をする外注業者を見つける
② 免税事業者を維持する外注業者に消費税分の値下げを要求する

しかし，不動産オーナーとテナント借主のような関係と同じように考えてはいけない問題があります。

令和４年１月に国税庁は，「免税事業者及びその取引先のインボイス制度への対応に関するQ&A」（以下，Q&A）を公表しました。

下図の事例などが，独占禁止法の問題となるおそれがありますと注意喚起されています。

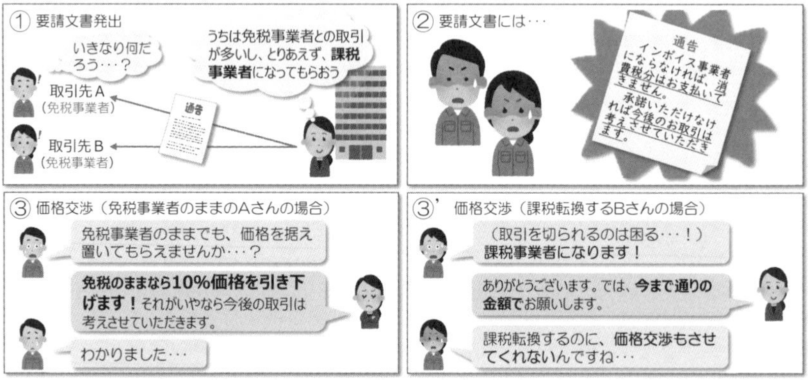

（出典：公正取引委員会「インボイス制度後の免税事業者との取引に係る下請法等の考え方」）

Q&Aに記載されている独禁法違反に該当するもの，しないものをまとめると下記のとおりとなります。

《独禁法違反に該当しないケース》

・　課税事業者になることの要請

・　双方納得した上での取引価格の引き下げ

《独禁法違反に該当するおそれがあるケース》

・　課税事業者にならなければ取引価格を引き下げるとか，それにも応じなければ取引を打ち切ることにするなどと一方的に通告すること

・　再交渉が形式的なものにすぎず，仕入側の事業者（買手）の都合のみで著しく低い価格を設定した場合

・　価格引き下げに応じない相手方との取引を停止した場合

インボイス登録を要請するだけであったり，合意しての値下げは問題ないですが，一方的に値下げを通告したり，解除を通知することは違反になってしまいます。

ただし，独占禁止法違反になるのは，行為者の地位が相手方に優越していること，また，免税事業者が今後の取引に与える影響等を懸念して，行

為者による要請等を受け入れざるを得ない状況にあることが前提となります。

外注業者の収入が管理会社からの売上に大きく依存するなど，取引の継続が困難になることが事業経営上，大きな支障をきたすような場合が考えられます。

個別具体的な判断が必要にはなるかと思いますが，独占禁止法を念頭に慎重に行動しなければならないのです。

3 インボイス制度開始前までの対応策

(1) インボイス制度の周知と登録の要請

外注業者の中にはインボイス制度が何なのか，どのような影響があるのかを充分に理解していない方もいます。

国税庁が公表しているパンフレットなどを渡すなどにより，インボイス制度の周知を図りましょう。

① 課税事業者への対応

すでに課税事業者の外注業者には，インボイス登録をしても税負担は増えないことからデメリットはないと言えます。

登録をお願いするとともに，登録期限を伝えましょう。

令和５年10月１日の制度開始に合わせて登録を受けるためには，令和５年９月30日までに登録申請が必要になります。

② 免税事業者への対応

インボイス登録するかどうかは任意のため，登録を強制することはできません。強要すると独占禁止法違反の恐れもあります。

要請は問題ないので，話し合いの場を持ちましょう。

⑵　インボイス登録しない外注業者への対応

①　緩和措置の活用

令和５年度税制改正によって，フリーランスなど小規模事業者がインボイス登録しても負担を緩和するための措置（緩和措置）が設けられました。

具体的には，免税事業者が課税事業者に切り替えた場合，インボイス導入が始まる令和５年10月から３年間の時限つきで，納税額を売上税額の２割に抑えることができます。

例えば，10万円の消費税を受け取った場合には２万円の納税でよいということになります。

また，中小規模の事業者が利用できる簡易課税制度があります。

売上に係る消費税にみなし仕入率をかけた金額を仕入税額控除として計算します。

みなし仕入率は業種ごとによって90％～40％で設定されています。例えば，リフォーム業であれば，70％（第三種事業），清掃業であれば，50％（第五種事業）になります。

緩和措置では，納税額を売上税額の２割に抑えるということは，みなし仕入率80％にするのと同義ということです。

この制度を利用することで外注業者の消費税の負担は抑えられるため積極的に利用してもらうのがよいでしょう。

②　経過措置の活用

緩和措置を利用すれば消費税の負担は抑えられますが，消費税申告は必要になります。

申告の手間や，税理士などの専門家に依頼する場合の費用を気にして登録をしたがらない外注業者もいるかもしれません。

その場合に活用したいのが，経過措置です。

インボイス制度が導入しても，急激な変化にならないように経過措置が設けられています。

経過措置の期間中は，免税事業者からの課税仕入れについても，仕入税額相当額の一定割合を控除できることになります。

期間	控除
2023年（令和５年）10月１日～2026年（令和８年）９月30日	80%控除
2026年（令和８年）10月１日～2029年（令和11年）９月30日	50%控除

これを利用して，免税事業者のまま，仕入税額控除ができない部分に相当する金額を値引きすることで，取引先の負担がないようにできる可能性があります。

例えば，工事費用110万円（うち消費税相当分10万円）を，緩和措置を利用した場合と経過措置より仕入税額控除ができない部分に合わせて約２万円（下図では1.96万円）値引きした場合で比較してみます。

（単位：万円）

	緩和措置を利用してインボイス登録をした場合	経過措置期間約２万円値引きした場合（80%控除期間）
本体家賃	100	98.04
消費税分	10	9.804
請求書金額	110	107.844
管理会社の仕入控除消費税	10	7.8432
管理会社実質負担額	100	100.0008

外注業者の受取り収入	110	107.844
負担消費税	2	0
実質手残り	108	107.844

管理会社側も外注業者側もほぼ同じ負担，手残りになります。経過措置

を利用する方が外注業者の消費税申告の負担はありません。

お互いに納得をすればこのような若干の値引きで対応することも可能になります。

4 まずは話し合いを

インボイス制度は，「インボイスがないと仕入税額控除をさせない」ことを決めているだけに過ぎません。

インボイス登録（課税事業者）を強制するものでもなく，免税事業者が消費税分を徴収してはいけないと決めているわけではありません。

免税事業者（売主）と取引する場合，買主に消費税を負担してもらうことになり，インボイス登録事業者（売主）と取引する場合，売主に消費税を負担してもらうことになります。

いずれでも消費税は徴収される制度だということです。

消費税を売主・買主どちらが負担するかは，お互いに話し合って決める。つまり，値決めの問題なのです。

インボイス制度が始まる前にインボイス登録するかどうか，金額を変更する必要があるかを外注業者としっかりと話し合うべきです。

外注業者とインボイスの話し合いが充分になされずに，下図のように，負担が増えた消費税を安易に不動産オーナーに負担させないようにして頂きたいと切に願います。

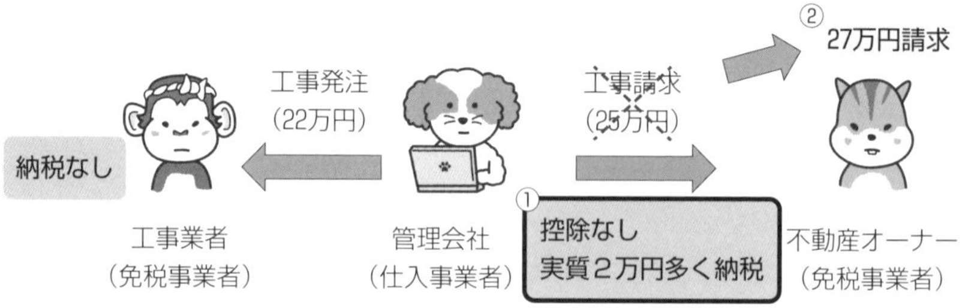

V　不動産売買で受ける影響

不動産の売却のうち，事業用の建物の売却代金は消費税の課税取引に該当します。

賃貸している建物であれば，事業用になるため，テナントビルだけではなく，アパートやマンションなどの居住用であっても課税取引になるのです。

土地の売買金額は非課税売上げです。

なお，自宅の売却の場合は，そもそも事業用の不動産ではないため，消費税の対象にはなりません。

例えば，賃貸建物の売却代金が8,800万円（うち消費税800万円）だとした場合に，売主がインボイス登録していない免税事業者のときには，インボイスが発行できないことになります。

すると，買主は800万円の仕入税額控除ができないということになります。

建物の代金は高額になることが多いので，仕入税額控除が多額になり，消費税還付が受けられる可能性がありますが，インボイスがないことで，この消費税還付が受けられないことになるのです。

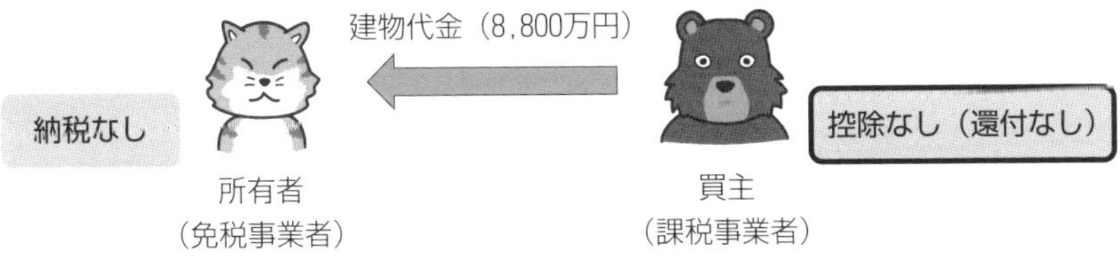

実際にインボイスが必要になるかどうかは，不動産の種類によって異なります。

賃貸アパート・マンションとテナントビルのパターンで検証してみます。

1 賃貸アパート・マンションの売却

(1) インボイスが必要になる場合

賃貸アパートなどの居住用賃貸建物に係る消費税についてはルールが変わりました。

令和２年の税制改正によって，令和２年10月１日より，「原則として，国内において行う居住用賃貸建物（※）に係る課税仕入れ等の税額については，仕入税額控除の対象としない」とされました。

（※） 税抜1,000万円以上の居住用賃貸建物が対象になります。

売上に係る消費税 － 仕入に係る消費税 ＝ 納税（還付）

居住用賃貸建物は控除させない

行き過ぎた消費税還付スキームを規制するために令和２年の税制改正で，賃貸アパートを購入した際に支払った消費税は，そもそも控除させないというルールになったのです。

つまり，インボイス制度にかかわらず，居住用賃貸建物に係る消費税は仕入税額控除にならないことからインボイスがなくても買主は支障がないことになります。

しかし，居住用賃貸建物の仕入税額控除が完全にできなくなったわけではありません。

「課税期間の初日以後３年以内に，住宅の貸付け以外に供した場合，又は譲渡した場合は，仕入税額控除に加算して調整する」とされています。

３年以内に賃貸物件を，民泊などの課税取引になるものに転用した場合，もしくは，売却した場合には，３年目に仕入税額控除ができることになっています。

これを狙って物件購入する買主からインボイスを要求される可能性があります。

① 転用したケース

民泊は設備が住宅用となっているため，居住用賃貸建物に該当し，購入時に仕入税額控除（消費税還付）ができないことになります。

しかし，例外として，居住用賃貸建物を取得した日から第３年度の課税期間の末日までに，課税賃貸用に供した場合には，課税賃貸割合分の仕入税額控除の調整ができることになっています。

調整税額（控除対象額）＝ 居住用賃貸建物に係る消費税額 × 課税賃貸割合(※)

※　課税賃貸割合

$$\frac{\text{Aのうち課税賃貸用の家賃収入の合計}}{\text{居住用賃貸建物の第３課税期間までの間の家賃収入の合計 (A)}}$$

ざっくりと要約すると，居住用賃貸建物を購入した後，３年以内に課税売上げが発生している場合，３年目に，居住用建物に係る消費税×課税賃貸割合分だけを控除の対象とするということです。

【例】 1億1,000万円の建物（消費税1,000万円）を購入。３年間一部民泊利用
１年目　売上　800万円（うち民泊収入800万円） ２年目　売上　800万円（うち民泊収入400万円） ３年目　売上　800万円（うち民泊収入240万円）
課税賃貸割合 ＝ $\frac{\text{(800万円＋400万円＋240万円)}}{\text{(800万円×3年)}}$ ＝ 60%
調整税額 ＝ 1,000万円 × 60% ＝ 600万円
600万円が３年目の消費税の計算の際に，仕入税額控除の対象になります。

② 売却したケース

居住用賃貸建物を取得した日から第３年度の課税期間の末日までに，売却した場合には，仕入税額控除の調整ができます。

ただし，居住用賃貸建物を購入してから売却するまでの間に，居住賃貸の用に供していた場合には，課税賃貸譲渡割合分が調整の対象になります。

$$\text{調整税額（控除対象額）} = \text{居住用賃貸建物に係る消費税額} \times \text{課税賃貸譲渡割合}_{(※)}$$

※　課税賃貸譲渡割合

$$\frac{\text{Bのうち課税賃貸用の家賃収入の合計} + \text{Cの金額}}{\text{居住用賃貸建物の譲渡までの間の家賃収入の合計（B）} + \text{居住用賃貸建物の譲渡の対価の額（C）}}$$

【例】　１億1,000万円の建物（消費税1,000万円）を購入。３年目の途中で１億3,200万円（消費税1,200万円）で売却。売却するまでは住宅用として賃貸

１年目　売上　家賃500万円
２年目　売上　家賃500万円
３年目（売却年）　売上　家賃300万円＋建物売却代金１億3,200万円

$$\text{課税賃貸譲渡割合} = \frac{\text{（0円＋１億3,200万円）}}{\text{（500万円＋500万円＋300万円＋１億3,200万円）}} = \text{約91\%}$$

調整税額　＝　1,000万円　×　約91％　＝　約910万円

約910万円が３年目の消費税の計算の際に，仕入税額控除の対象となります。

このように賃貸物件の売却でインボイスが要求されることは限られた場合と言えます。

売却のためだけにインボイス登録を検討する必要はないものと考えます。

(2) 古物商特例によりインボイスが不要な場合

前述の転用するケースは多くなくても，転売するケースは多いのではないかと思います。

とくに不動産業者が転売目的で購入した場合に，売主からのインボイスが発行されないと大変なことになってしまいます。

しかし，宅地建物取引業者が，適格請求書発行事業者以外の者から建物（宅地建物取引業者が事業として販売する棚卸資産に該当するものに限ります）を購入する場合には，古物商特例が適用され，インボイスがなくても仕入税額控除が認められます。

宅建業者が保有する目的ではなく，転売目的で購入するものであれば，インボイスが不要になるのです。

2 テナントビルの売却

テナントビルに係る消費税については，仕入税額控除の対象になります。

テナントビルの建物に係る消費税は大きいことから，仕入税額控除をすることによって，買主は消費税還付を受けることができる可能性があります。

買主が免税事業者であっても，還付をする目的で，購入に際して課税事業者なることが考えられます。

売買にあたって，買主からインボイスを要求する可能性が高いでしょう。

インボイス登録した方がよいかどうかについては，インボイス登録することで売却価額に影響するかどうかで判断されるとよいかと思います。

立地が良くて，買手希望者が多く見込める物件であれば，インボイスがなくても，価格に影響しないと考えられます。

立地があまり良くなくて，買手希望者が多く見込めない物件であれば，インボイスがないと価格が下げられる可能性があります。

売却に出す際にインボイス登録するのがベストではありますが，売却するまでの賃料についても消費税を払うことになるので注意が必要です。

売主が現在，免税事業者であっても，売却情報に「インボイス登録予定」と記載するのも対策になるのではないかと思います。

なお，インボイス登録して売却しても，令和８年９月30日の期間であれば，納税額を売上税額の２割とすることができる緩和措置（※１）を利用することが可能です。

緩和措置の期間が過ぎても，簡易課税制度（※２）を利用すれば，納税額を売上税額の４割とすることが可能です。

インボイス登録するのであれば，これらの制度を上手く使うことがよいでしょう。

（※１）　免税事業者がインボイス登録事業者になった場合などの要件があります。
（※２）　選択届出書の提出，基準期間の課税売上高5,000万円以下などの要件が必要です。

Part 2

インボイスQ＆A

Ⅰ　制度編

Ⅱ　賃貸編

Ⅲ　管理編

Ⅳ　売買編

I　制度編

Q 1　インボイス登録期限。９月30日は土曜日だから10月２日が期限？

インボイス登録申請は９月30日まででよいと聞きました。

９月30日は土曜日で税務署が開いていないので翌月曜日の10月２日が期限になるのでしょうか？

A

課税事業者，免税事業者ともに令和５年10月１日から登録事業者になる場合には，令和５年９月30日までに申請が必要になります。

令和５年９月30日は土曜日ですが，期限は10月２日の月曜日にはなりません。

厳密に９月30日が期限となりますのでご注意ください。

消費税の届出関係は，土日関係ないことが多くあります。

国税通則法第10条第２項には，「申告や届出などの期限が土日祝に当たるときは，その翌日をもってその期限とする」という規定があるのですが，この規定の適用がある場合には，条文上に期限の定め（○日までに提出すること等）が必要です。

しかし，消費税の届出の期限の条文は，「適用を受けようとする課税期間の初日の前日まで」と期限の定めの規定がないものがあります。

この場合，土日関係なく，厳密な期日が提出期限になっています。

《土日関係なく，厳密な期日が提出期限になっている届出例》

- 課税事業者選択届出書
- 課税事業者選択不適用届出書
- 消費税簡易課税制度選択届出書
- 消費税簡易課税制度選択不適用届出書

国税庁のホームページにも次の注意が書いてあります。

> 届出書については，該当日が日曜日等の国民の休日に当たる場合であっても，その日までに提出がなければそれぞれの規定の適用を受けることができませんのでご注意ください。

インボイスの登録についても，同じく期限の定めがないことから厳密に９月30日までに申請が必要になるので注意しなければなりません。

また，申請してから，登録番号の通知が送付されるまで時間を要します。

登録申請から登録の通知を受けるまでの間は，インボイス番号がないため，インボイスの要件を満たしていないことになります。

この場合には，通知を受けた後に登録番号などの記載事項を相手方に書面などで通知する必要があります。

《参照》

《国税通則法》

第10条第2項（期間の計算及び期限の特例）

国税に関する法律に定める申告，申請，請求，届出その他書類の提出，通知，納付又は徴収に関する期限（時をもつて定める期限その他の政令で定める期限を除く。）が日曜日，国民の祝日に関する法律（昭和二十三年法律第百七十八号）に規定する休日その他一般の休日又は政令で定める日に当たるときは，これらの日の翌日をもつてその期限とみなす。

Q 2 緩和措置で消費税の負担が少なくできるからインボイス登録した方がよい？

令和５年税制改正で，納税額を２割に軽減できる制度ができたと聞きました。

消費税の負担を少なくできるのでインボイス登録した方がよいのでしょうか？

A

令和５年税制改正によって小規模事業者の緩和措置が創設されました。

令和５年10月１日から令和８年９月30日の期間，免税事業者が課税事業者に切り替えた場合，納税額を売上税額の２割とすることができるというものです。

例えば，10万円の消費税を受け取った場合には２万円の納税でよいということになります。

また，中小規模の事業者が利用できる簡易課税制度があります。

売上に係る消費税にみなし仕入率をかけた金額を仕入税額控除として計算します。

みなし仕入率は業種ごとによって90％～40％で設定されています。

不動産オーナーなどの不動産業であれば，40％（第六種事業）になります。

緩和措置では，納税額を売上税額の２割に抑えられるということは，みなし仕入率80％にするのと同じ効果があります。非常に魅力的な制度に見えます。

しかし，もともと経過措置があるのです。

経過措置とはインボイス制度が導入しても，急激な変化にならないように仕入税額控除を段階的に控除させなくするものです。

経過措置の期間中は，免税事業者からの課税仕入れについても，仕入税額相当額の一定割合を控除できることになります。

期間	控除
2023年（令和５年）10月１日～2026年（令和８年）９月30日	80%控除
2026年（令和８年）10月１日～2029年（令和11年）９月30日	50%控除

緩和措置を利用するとインボイス登録することになり，経過措置を利用すると免税事業者を維持できることになります。

どちらがよいかを具体的に検討してみます。

テナント家賃110万円（うち消費税相当分は10万円。年1,000万円を超えますが，分かりやすいようこの金額にしています）を緩和措置を利用してインボイス登録した場合と，免税事業者を維持したまま経過措置に合わせて，本体家賃2万円値引きした場合で比較すると下記のとおりになります。

（単位：万円）

	緩和措置を利用して インボイス登録をした場合	本体家賃を２万円値引きした 場合 （80%控除期間）
本体家賃	100	98
消費税分	10	9.8
請求書金額	110	107.8
借主の仕入控除消費税	10	7.84
借主実質負担額	100	99.96

貸主受取り収入	110	107.8
負担消費税	2	0
貸主の実質手残り	108	107.8

ほぼ変わらない効果になるのです。

緩和措置を利用してインボイス登録をする場合の方が若干有利になります。

しかし，消費税の申告の手間や税理士などの専門家に依頼する場合の費用の負担があることを忘れてはいけません。

さらにインボイス登録してしまうことで，下記の隠れ課税売上げに課税されることがあります（詳細は21，22ページを参照）。住宅用のアパートやマンションを多く持っていることで，課税されるものが多くなってしまうのです。

① 入居者負担分の原状回復工事費用

② 共益費とは別に入居者から徴収する電気代・水道代（使用量に関係なく一定額で請求しているなど，不動産オーナーが支払う電気代・水道代と各入居者からもらう金額に差額が生じる場合）

③ 賃貸物件を売却した場合の建物売却代金，固定資産税精算金

緩和措置を利用した方がよいかは慎重に判断するべきです。

Q3 インボイス登録すれば還付が受けられるので得になる？

インボイス制度が始まった場合，課税事業者になることでアパートやマンションなどの居住用賃貸建物に係る消費税を控除ができるので還付を受けられることになって有利になるということはありますか？

A

消費税還付の改正の経緯から話をします（詳細は17～19ページを参照）。

原則，非課税売上げに係る仕入は，消費税の計算上では控除できません。したがって，アパートやマンションの建物購入代金の消費税は還付できないと一般的には言われていました。

しかし，課税売上高が95％以上か，一括比例配分方式を選択した場合のみ控除の対象になることから，課税売上割合を操作することで，消費税還付ができたのです。

行き過ぎた消費税還付を規制するために，令和２年10月１日より，原則として，国内において行う居住用賃貸建物に係る課税仕入れ等の税額については，仕入税額控除の対象としないこととされ，建物取得に係る消費税還付ができなくなりました。

アパートに係る管理費や水道光熱費などの支出に伴う消費税は，課税売上げがあることが前提になりますが，一括比例配分方式を選択すれば課税売上割合分の控除（課税売上割合95％以上の場合には全額控除）が可能です（改正の対象ではありません）。

しかし，還付となると多額の控除が必要です。

還付は，税制改正の規制から除かれている下記の支出がある場合には可能性があります。

・　1,000万円未満の資本的支出に該当するもの
・　（金額にかかわらず）修繕費に該当するもの

結論としては，還付を受けられるケースが限定されているので還付によって有利になることはあまりないと考えます。

還付を期待してインボイス登録をする判断をしなくてもよいということです。

Q 4 免税事業者が消費税を受け取っても問題ない？

免税事業者ですが，駐車場の賃料について消費税を受け取っています。

このまま免税事業者でいる場合に，今までどおり消費税を受け取っても問題ないでしょうか？

借主は，インボイスの交付を受けられないことを理由に賃料の支払を拒否できますか？

消費税法上，免税事業者が消費税相当額を受け取ってはならない，もしくは請求書等に消費税相当額等の記載をしてはならない等の規定はありません。

免税事業者が消費税額を受け取ることは，インボイス制度が開始された後でも問題はありません。

したがって，免税事業者の取引先である借主が，消費税を理由に支払を拒否できるものではないと考えます。

しかし，借主は支払を拒否できないものの退去されてしまうリスクは充分考えられますので，ご注意ください。

また，消費税額を受け取る場合に，請求書に消費税額と記載するとインボイスと誤認されるおそれがあります。

請求書には「消費税額」ではなく「消費税相当額」と記載し，税別表記するのではなく，税込表示した金額で記載することが推奨されています。

Q 5 10月１日からインボイス登録で課税事業者。消費税の申告はいつのものが必要？

駐車場の賃料がありますが，課税売上げで1,000万円以下なので免税事業者です。

10月１日からインボイス登録しようと思っています。

消費税の申告はインボイス登録前に受け取った消費税についても課税されることになるのでしょうか？

A

個人の消費税は，原則１月１日から12月31日の期間で計算されます。

免税事業者が令和５年10月１日から令和11年９月30日までの日の属する課税期間中において，令和５年10月1日後に登録を受ける場合には，適格請求書発行事業者の登録申請書に登録希望日（提出日から15日以降の登録を受ける日として事業者が希望する日）を記載することで，その登録希望日から課税事業者となる経過措置が設けられています。

免税事業者は経過措置の期間中は，好きなタイミングで課税事業者になれることになります。

この場合の消費税の申告はどのようになるのでしょうか。

この経過措置の適用を受けて免税事業者がインボイス登録を受けた場合，基準期間の課税売上高にかかわらず，登録日から課税期間の末日までの期間について，消費税の申告が必要となります。

例えば，個人がインボイス制度に合わせて令和５年10月１日に登録した場合には，令和５年10月１日から令和５年12月31日までの期間について，令和５年分の消費税の申告が必要になります。

令和５年１月～９月の期間に課税売上げがあったとしても，この期間は免税事業者であるため申告は必要ないということになります。

《免税事業者である個人事業者が令和５年10月１日に登録を受けるため，令和４年中に登録申請書を提出し，令和５年10月１日の登録となる場合》

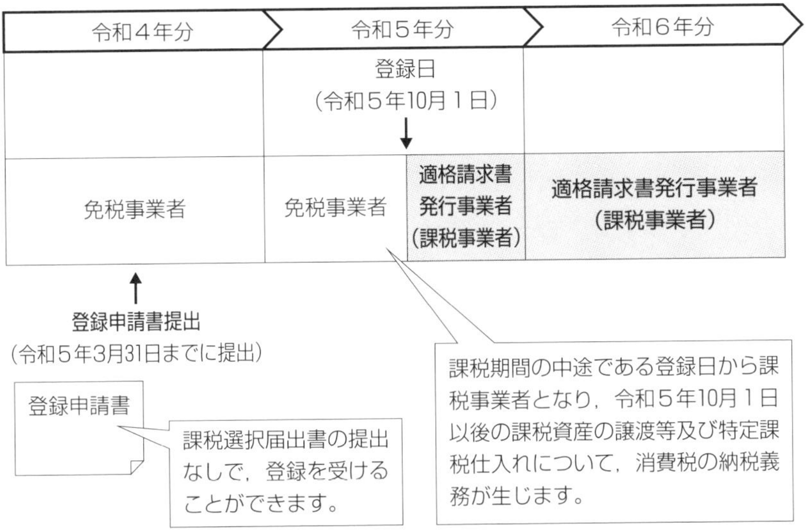

なお，令和３年に不動産を売却して課税売上高が1,000万円超となり，令和５年に課税事業者となる場合や課税事業者選択届出書を提出して令和５年から課税事業者になる場合には，インボイス登録が令和５年10月１日であったとしても，令和５年１月１日から令和５年12月31日の期間の消費税の申告が必要となります。

消費税の申告期限は，課税期間の終了の日から２か月以内です。

個人の場合の申告期限は翌年３月31日が期限になります。

《参照》

国税庁 「消費税の仕入税額控除制度における適格請求書等保存方式に関するＱ＆Ａ」問９

Q 6 インボイス登録後に課税売上高が1,000万円以下になったら免税事業者？

現在，消費税の課税事業者になっていて，インボイス登録をしようと思っています。

もし，インボイス登録した後に課税売上高が1,000万円以下になった場合には，免税事業者になってしまい，インボイス登録がなくなるのでしょうか？

A

課税事業者は，原則２年前（２期前）の課税売上高が1,000万円を超えた場合に該当します。

これは年（期）ごとに判定することになるため，課税売上高が1,000万円以下となった場合には，２年後（２期後）には，免税事業者になるのが原則です。

しかし，インボイス登録事業者は，その基準期間における課税売上高が1,000万円以下となった場合でも免税事業者とならないことになっています。インボイス登録事業者が免税事業者になるためには，インボイス登録の取り消しをした上で，免税事業者の要件（課税売上高1,000万円以下）を満たさなければなりません。

つまり，免税事業者になるためには，まず登録取り消し手続きが必要です。手続きについてはＱ７を参照してください。

後述する登録取消届出書を税務署に提出することにより，登録の効力を失わせることができます。

《参照》

国税庁　「消費税の仕入税額控除制度における適格請求書等保存方式に関するＱ＆Ａ」問18

Q 7 インボイス登録後にインボイスはすぐに辞められる？

現在，消費税の免税事業者ですが，インボイス登録をしようと思っています。

もし，インボイス登録した後に，インボイスを辞めたいとなった場合には，簡単に辞められるのでしょうか？

A

インボイス登録は辞めることができますが，すぐに辞めることはできません。

その課税期間が終わるまではインボイス登録の効力を失わせることができないようになっています。

なお，インボイス登録を辞めるのと，課税事業者でなくなるのは別問題になります。

インボイス登録を辞めても，２年前の課税売上高が1,000万円超であれば，課税事業者になります。

また，課税事業者選択届出書を提出して課税事業者になっている場合には，インボイス登録を辞めても，課税事業者選択不適用届出書を提出しなければ，課税事業者が続くことになります。

インボイス登録をやめる手続きは次のとおりです。

適格請求書発行事業者は，納税地を所轄する税務署長に「適格請求書発行事業者の登録の取消しを求める旨の届出書」（以下「登録取消届出書」といいます）を提出することにより，適格請求書発行事業者の登録の効力を失わせることができます（新消法57の２⑩一）。

なお，この場合，原則として，登録取消届出書の提出があった日の属する課税期間の翌課税期間の初日に登録の効力が失われることとなります（新消法57の２⑩一）。

ただし，登録取消届出書を，翌課税期間の初日から起算して 15 日前の日を過ぎて提出した場合は，翌々課税期間の初日に登録の効力が失われることとなります（新消法57の２⑩一，新消令70の５③）。

登録取消届出書は，期末から15日前の前日までが提出期限となります。

これを過ぎて提出した場合には，翌々期から登録の取り消しになるため，翌期は課税事業者が継続されることになります。

【例１】 適格請求書発行事業者である法人（３月決算）が令和７年３月17日に登録取消届出書を提出した場合

⇒ 登録取消届出を15日より前に提出した場合は翌期より登録取り消し

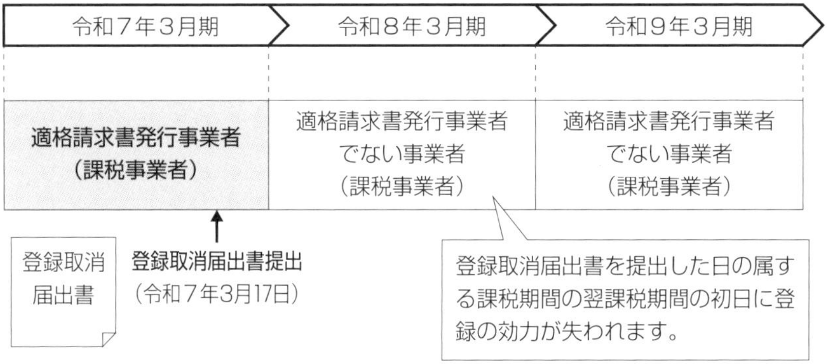

【例2】 適格請求書発行事業者である法人（3月決算）が令和7年3月25日に登録取消届出書を提出した場合（届出書を，翌課税期間の初日から起算して15日前の日を過ぎて提出した場合）

⇒ 登録取消届出を15日より前に提出し忘れた場合は翌期より登録取り消しにならない。

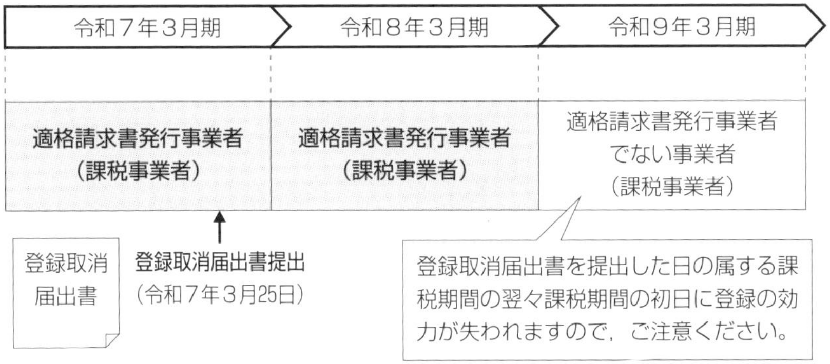

《参照》

国税庁 「消費税の仕入税額控除制度における適格請求書等保存方式に関するQ&A」問14

Q8 免税事業者がインボイスを発行したら罰則はありますか？

インボイス登録せずに，偽のインボイス番号を領収書に記載してインボイスとして交付した場合には罰則はありますか？

A

インボイス登録事業者ではないにも関わらず，インボイス等と誤認される恐れのある表示をした書類を交付した場合，１年以下の懲役又は50万円以下の罰金に処するとされています（新消法65）。

《交付禁止書類（新消法57の５）》

① インボイス発行事業者以外の者が作成した書類であって，インボイスであると誤認されるおそれのある表示をした書類

② インボイス発行事業者が作成した，偽りの記載をしたインボイス

③ ①に掲げる書類の記載事項又は②に掲げる書類の記載事項に係る電磁的記録

例えば，インボイス未登録の事業者が登録番号を捏造し，インボイスであることを装って交付した場合であれば，①に該当するものと考えられます。

インボイス登録事業者が発行するインボイスであったとしても，10%適用税率のものを故意に８%の軽減税率適用と表示して交付した場合であれば，②に該当するものと考えられます。

なお，インボイス制度が始まった後であっても，免税事業者が請求書に消費税額を記載した場合，その記載をもって直ちに罰則の対象にはなりません。

なぜなら，消費税法上，免税事業者が消費税相当額を受け取ってはなら

ない，もしくは請求書等に消費税相当額等の記載をしてはならない等の規定がないためです。

しかし，免税事業者が発行する請求書等に消費税額の表示があるとインボイスと誤解され，トラブルの元になる可能性があります。

免税事業者が請求書に消費税額の記載をする場合には，インボイスではない旨を伝えておくことが望ましいといえます。

Q 9 令和５年に登録するのと令和６年に登録することに違いがある？

現在，免税事業者ですがインボイス登録しようか迷っています。

様子をみるために令和５年に登録せずに，令和６年に登録しようかと思っています。

何か違いがありますか？

免税事業者が令和５年10月１日から令和11年９月30日までの日の属する課税期間中において，令和５年10月1日後に登録を受ける場合には，適格請求書発行事業者の登録申請書に登録希望日（提出日から15日以降の登録を受ける日として事業者が希望する日）を記載することで，その登録希望日から課税事業者となる経過措置が設けられています。

免税事業者は経過措置の期間中は，好きなタイミングで課税事業者になれることになります。

この経過措置の期間中に登録を受けるにあたり，課税選択届出書を提出する必要はありません。

令和５年は登録せずに，令和６年に入ってから登録することも可能です。

しかし，この場合の違いが出てきます。

経過措置の適用を受ける登録日の属する課税期間が令和５年10月１日を含まない場合は，登録日の属する課税期間の翌課税期間から登録日以後２年を経過する日の属する課税期間までの各課税期間については免税事業者となることはできません（28年改正法附則44⑤）。

２年間課税事業者が強制され，２年間は免税事業者に戻れないことになります（２年縛り）。

例えば，個人が令和５年中にインボイス登録した場合には，登録取消届出書（令和５年12月17日までの提出が必要）を提出することによって，令和６年から免税事業者に戻ることが可能です。

しかし，個人が令和６年にインボイス登録した場合には，２年間課税事業者が強制されるため，登録取消届出書を提出したとしても，令和７年に免税事業者にはならず，課税事業者が継続されます。

なお，経過措置の期間中に登録を受けるにあたり，課税選択届出書を提出していないため，令和５年に登録しても，令和６年に登録しても，３年縛り(※)の規定の適用はありません。

(※)　３年縛りとは，２年間の強制適用期間中に，調整対象固定資産（税抜き100万円以上の棚卸資産以外の資産）を購入した場合に，３年間課税事業者が強制される制度をいいます。

《２年縛りと３年縛りの区分表》

免税事業者が課税事業者になる場合	２年縛り	３年縛り
経過措置（令和５年10月１日の属する課税期間に登録）	×	×
経過措置（令和５年10月１日以外の属する課税期間に登録）	○	×
課税事業者選択届出書を提出した場合	○	○

《参照》

国税庁　「消費税の仕入税額控除制度における適格請求書等保存方式に関するＱ＆Ａ」問８

Q10 インボイス登録するとホームページ上に個人情報が公開されてしまう？

インボイスを登録しようと思っていたのですが，登録することで情報が公開されてしまうと聞きました。

氏名や住所など個人情報がネットで公開されることになるのでしょうか？

「国税庁インボイス制度適格請求書発行事業者公表サイト」では，登録番号を基にして検索する方法により，インボイス登録事業者の氏名・名称や登録年月日などの公表情報を確認することができます。

取引先がインボイス登録しているかどうか（偽の番号を記載していないか等）を確認できるようにしています。

公表される情報は個人と法人で異なります。

登録者が個人の場合	登録者が法人の場合
・氏名又は名称 ・登録番号 ・登録年月日 ・登録取消（失効）年月日	・氏名又は名称 ・本店所在地 ・登録番号 ・登録年月日 ・登録取消（失効）年月日

法人の場合には住所が記載されますが，個人の場合には住所までは記載されません。

法人の本店所在地などは，「法人番号（マイナンバー）公表サイト」ですでに公表されているので，インボイス登録しても影響はあまりないかと思います。

個人の場合は，名前が公表されるので抵抗を受けるかもしれません。

屋号がある場合には，氏名に加えて屋号も公開するということは可能です。

しかし，氏名の代わりに屋号を公開することは今のところできません。

どうしても氏名は公表されてしまいます。ペンネームで活動している作家などから本名が公開されてしまうことで批判がありましたが，令和５年６月の段階では本名公開の変更はありません。

不動産オーナーの場合には，不動産登記情報に名前が記載されているので，本名を公開されることに抵抗がある方が少ないと考えます。

また，個人の住所は公表されないため，悪用されることはないかと思いますが，公表されたくなければ，法人化して法人（代表者を別の方にする必要はあります）でインボイス登録するという方法も考えられます。

《参照》

国税庁 「消費税の仕入税額控除制度における適格請求書等保存方式に関するＱ＆Ａ」問20

Q11 インボイスの記載に誤りがあった場合どうする？

インボイスの記載に誤りがあることが発覚しました。
実際に支払った金額は正しいです。
そのままにしても大丈夫でしょうか？

売手であるインボイス登録事業者は，交付したインボイスの記載事項に誤りがあったときは，買手である課税事業者に対して，修正したインボイス（修正インボイス）を交付しなければならないことになっています。

不動産オーナーが売手の場合には，修正したインボイスを発行しなければならないということになります。

対応としては以下の２点が考えられます。

① 誤りがあった事項を修正し，改めて記載事項の全てを記載したものを交付する方法

② 当初に交付したものとの関連性を明らかにし，修正した事項を明示したものを交付する方法（次ページ図参照）

なお，買手が修正した仕入明細等を作成し，売手であるインボイス発行事業者に確認を求めることで，売手が改めて修正インボイスを交付しなくてもよいことになっています。

テナント借主がインボイスを修正して，不動産オーナーに確認を取ることで対応することでも可能と考えます。

この場合，不動産オーナーが確認したことの証明を残すことが必要です。

賃貸借契約の場合であれば，貸主・借主の関係性が継続しているので，修正インボイスの発行は難しくないですが，不動産売買契約の場合には，

不動産の引き渡しが終わってしまえば売主・買主の関係が途絶えてしまいますので，売主に修正インボイスの発行を求めようとしても連絡ができないことも考えられます。

修正があることを前提に売主の連絡先は把握しておいた方がよいでしょう。

〔②の例〕

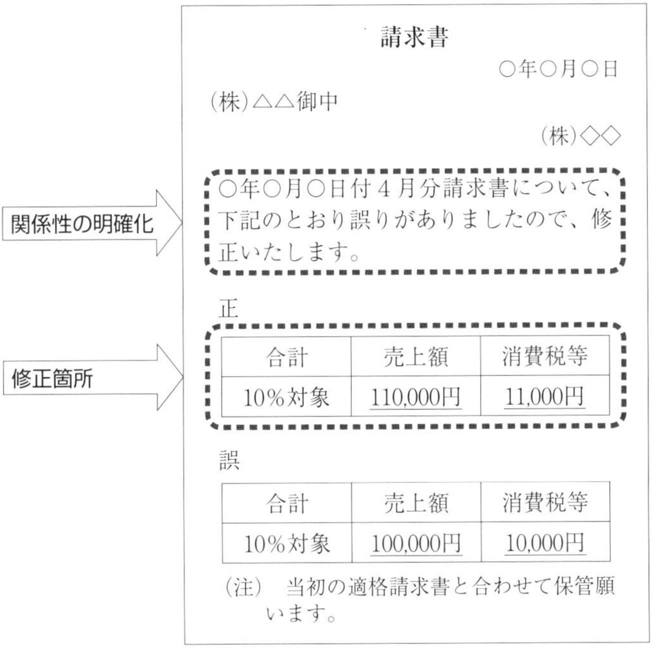

請求書

○年○月○日

(株)△△御中

(株)◇◇

○年○月○日付４月分請求書について、下記のとおり誤りがありましたので、修正いたします。

正

合計	売上額	消費税等
10%対象	110,000円	11,000円

誤

合計	売上額	消費税等
10%対象	100,000円	10,000円

(注)　当初の適格請求書と合わせて保管願います。

《参照》

国税庁　「消費税の仕入税額控除制度における適格請求書等保存方式に関するQ＆A」問33，34，90

Q12 請求書や領収書には全てインボイス番号を記載する必要がある？

テナントビルを所有しているため，インボイス登録をする予定です。

インボイス制度が始まった場合，テナントに渡す請求書や領収書には全てインボイス番号を記載しないといけなくなるのでしょうか？

A

インボイスとは，下記の全ての記載がされる請求書や領収書などです。

① 請求書発行者の氏名又は名称及び登録番号
② 取引年月日
③ 取引内容
④ 税率ごとに区分して合計した対価の額（税抜き又は税込み）及び適用税率
⑤ 税率ごとに区分した消費税等
⑥ 交付を受ける事業者の氏名又は名称（宛名）

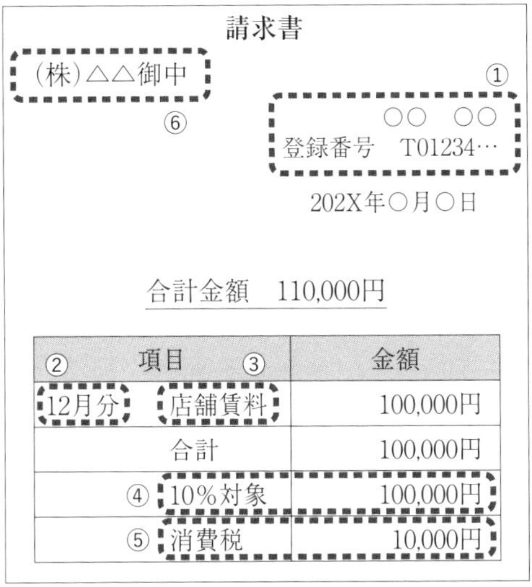
請求書

(株)△△御中 ⑥

①
○○　○○
登録番号　T01234…

202X年○月○日

合計金額　110,000円

② 項目 ③	金額
12月分　店舗賃料	100,000円
合計	100,000円
④ 10%対象	100,000円
⑤ 消費税	10,000円

このインボイスですが，請求書や領収書などのいずれかが要件を満たせば問題ありません。

インボイス制度が始まると，「インボイス登録事業者が発行する請求書や領収書（インボイス）がないと仕入税額控除ができない」ことになります。

取引先が仕入税額控除ができれば，インボイスを発行する目的が達成されます。

今まで発行していた請求書や領収書のうちいずれかをインボイスとすればよいのであり交付する全てをインボイスにしなければならないことはありません。

個別の請求書はインボイスにせず，一定期間（1年）まとめた明細書をインボイスにすることも可能です。

Q13 インボイス登録者に相続発生。相続人に登録が引き継がれる？

インボイス登録した後で相続があった場合には，どうなるのでしょうか？

相続人にインボイス登録が引き継がれるのでしょうか？

一時的に番号を引き継ぐことはできますが，相続人が継続してインボイス発行する場合，新たに登録する必要があります。

相続が発生した場合にやるべきことは次の２つがあります。

(1) 「適格請求書発行事業者の死亡届」を税務署に提出

(2) 相続人の「適格請求書発行事業者の登録申請書」を税務署に提出

(1) 適格請求書発行事業者の死亡届

インボイス登録事業者に相続があった場合には，相続人は税務署に死亡届出書を提出しなければなりません。

被相続人の適格請求書発行事業者の登録は，以下のいずれか早い日に効力を失います。

① この死亡届出書を提出した日の翌日

② 被相続人の亡くなった日の翌日から４か月を経過した日

早めに死亡届出書を出すと効力を失ってインボイスに支障が出てしまうことになるのでしょうか？

支障が出ないように，みなし登録期間が設けられています。

《みなし登録期間》

次のいずれか早い日までの期間については，相続人を適格請求書発行事業者とみなす。

・　相続人が登録を受けた日の前日

・　被相続人の死亡日の翌日から４か月を経過する日

このみなし登録期間中は，被相続人の登録番号を相続人の登録番号とみなして，番号が引き続き使えることになります。

ですから早めに死亡届出書を出してしまっても問題はありません。

⑵　相続人の適格請求書発行事業者の登録申請書

みなし登録期間は最大４か月です。遅くとも４か月を経過すると，みなし登録の効力が失われます。

４か月以内に，相続人の登録申請書を提出する必要があります。

登録申請書の提出から登録通知を受けるまでには，その審査等に一定の期間を要することになるため，早めに申請した方がよいと言えます。

⑶　令和５年10月１日前に相続が発生した場合の注意点

なお，令和５年10月１日前に相続があった場合登録申請をすでに提出していたとしても，登録の効力は生じないことになっています。

みなし登録期間という概念が生じないので注意してください。

したがって，相続人がインボイス登録をするためには，令和５年９月30日までに登録申請書を提出する必要があります。

《参照》

国税庁　「消費税の仕入税額控除制度における適格請求書等保存方式に関するＱ＆Ａ」問16

Q14 相続で事業を引き継いだ場合の消費税の課税事業者の判定は？

今年の10月に相続が発生して，賃貸経営を引き継ぐことになりました。

賃貸物件のなかには，貸店舗があり，年間の賃料が1,080万円あり，今まで消費税を納めていたようです。

相続人は２人で，まだ遺産分割協議は行っていません。

消費税を払うことになるのでしょうか？

インボイス登録しようか迷っています。

相続があった年の前々年の被相続人の課税売上高が1,000万円を超える場合には，相続人は消費税の課税事業者に該当します。

相続人の納税義務の判定は下記のとおりとなります。

(1) 相続があった年の判定

相続があった年の前々年の被相続人の課税売上高が1,000万円を超える場合には，相続人は消費税の課税事業者に該当します。

ただし，被相続人の２年前の課税売上高が1,000万円以下であっても，相続人自身に課税売上げがあり，その２年前の課税売上げが1,000万円超である場合には，消費税の課税事業者に該当します。

相続人が複数いる場合には，遺産分割協議が成立するまでは，相続人で共有していることになり，賃料などは法定相続分で各相続人が取得することになります。

消費税の課税事業者の判定は，相続財産の分割が実行されるまでの間は被相続人の事業を承継する相続人は確定しないことから，各相続人が共同して被相続人の事業を承継したものとして取り扱い，各相続人のその課税期間に係る基準期間における課税売上高は，被相続人の基準期間における

特別なプレゼントをご用意しました!

本書をお買い上げ頂きまして誠にありがとうございます。
この書籍を購入してくださったことへの感謝の意を込めて、
特別なプレゼントをご用意いたしました。

プレゼント内容

インボイス登録と免税事業者の比較シミュレーションツール

本書P32で紹介したシミュレーションが数字を入れるだけで
簡単にできるツールを作成しました。
このシミュレーションツールでは、インボイス登録をした場合と、
免税事業者を維持した場合における、値下げによる損失額と
納税額を簡単に比較することができます。

	収入項目	税込金額	消費税額	値下げによる減少	簡易課税による納税	緩和措置による納税
隠れ課税売上の納税	店舗賃料収入	3,000,000	272,727	272,727	163,636	54,545
	事務所賃料収入	0	0	0	0	0
	駐車場賃料収入	1,500,000	136,363	136,363	81,817	27,272
	入居者水道光熱費徴収(差額あり)	3,000,000	272,727	-	54,545	54,545
	住宅用建物売却	0	0	-	0	0
	入居者負担(修繕)	2,000,000	181,818	-	54,545	36,363
	入居者負担(クリーニング)	1,000,000	90,909	-	45,454	18,181

判定結果

インボイス制度に登録しない方が良い

判定結果

「緩和措置」によるインボイス制度に登録した方がよい

判定結果

「簡易課税」によるインボイス制度に登録した方がよい

使い方は裏面へ☞

課税売上高に各相続人の法定相続分に応じた割合を乗じた金額で判定することになります（消費税法基本通達１－５－５）。

例えば，被相続人の基準期間の課税売上高が1,200万円の場合，相続する相続人が子２人とすると，法定相続分は２分の１ずつなので，1,200万円×１／２＝600万円が課税売上高の判定金額になります。

それぞれの相続人で1,000万円を超えないため消費税の免税事業者になります。

なお，その後遺産分割がされたとしても，判定自体が遡って変更になることはありません。

⑵　相続開始の翌年及び翌々年

相続があった年の翌年又は翌々年においては，被相続人の基準期間における課税売上高と相続人の基準期間における課税売上高との合計額が1,000万円を超える場合には，相続人は消費税の課税事業者に該当します。

相続があった年とは異なり，被相続人と相続人の課税売上高を合計した金額で判定することになります。

なお，被相続人が提出した簡易課税選択届出書などの届出書の効力は，相続人には及びません。

簡易課税の適用を受けようとするときは，原則として，相続が発生した年の12月31日までに簡易課税選択届出書を提出しなければなりません

今回の場合，まだ遺産分割協議がされていないとのことなので，今年は消費税の免税事業者になります。

また，年内に遺産分割協議がされない場合にも，来年の消費税の納税義務もないことになります。

免税事業者のままだとテナントに影響があるのであれば，インボイス登録して課税事業者になることも選択肢に入れて判断するようにしましょう。

Ⅱ　賃貸編

Q15　事業収入とテナント賃料がある場合，インボイスはそれぞれ別個で登録できる？

私は個人事業主としてコンサルティング業と貸倉庫業を営んでいます。

コンサルティング業の売上が年間約700万円，貸倉庫の賃料が年間120万円で，年間の課税売上高が1,000万円以下のため免税事業者になっています。

コンサルティング業だけインボイス登録して課税事業者となって，貸倉庫業はインボイス登録せずに免税事業者のままでいることは可能でしょうか？

また簡易課税制度は事業ごとで適用するかしないかを選択することもできるのでしょうか？

A

インボイスは，人ごと，法人ごとに登録するものになります。

事業ごとに個別にインボイス登録はできません。

全体を課税事業者となるか，全体を免税事業者のままでいるかの選択になります。

消費税の申告についても，事業ごとではなく，全事業の課税取引について計算することになります。

なお，簡易課税制度を適用する場合には，全体の課税取引が簡易課税制度の適用になります。

ただし，みなし仕入率は，事業種ごとの率をかけて計算し合算した金額を納税することになります。

Q16 令和５年９月に受け取る10月分の家賃はインボイスが必要？

インボイス制度は令和５年10月から開始ですが，テナントの家賃は前月末までの支払の契約になっています。

令和５年10月分の家賃を令和５年９月に受け取った場合にはインボイスの発行が必要になるのでしょうか？

A

国税庁インボイスＱ＆Ａ（問38）に次のとおり記載されています。

「同じ取引であっても，売手における売上げの計上時期と買手における仕入れの計上時期が必ずしも一致しない場合があります。原則として，売手における課税時期が令和５年10月１日以後のものとなる取引からインボイスが必要となります。」

貸主の収入計上のやり方によって異なるということです。

(1) 貸主が個人の場合

貸主が個人の場合の収入の計上時期は，原則として契約上の支払日とされています。

個人の場合には，10月分の家賃を９月の収入計上している場合があります。この場合には，インボイスがなくても仕入税額控除が可能です。

ただし，継続的な記帳に基づいて不動産所得の金額を計算しているなどの一定の要件に該当する場合には，貸付期間に対応する日とすることを認めています。

貸主が９月に受け取る家賃収入を10月分の収入計上する場合（９月に受け取る家賃は前受金処理）には，インボイスが必要となります。

10月前でもインボイスを発行することは問題ないとされています。

インボイス番号が届いていないなどでインボイスが発行できない場合には，10月になってからインボイス番号を通知するなどで対応することになります。

⑵　貸主が法人の場合

貸主が法人の場合には，個人と異なり，収入の計上時期は，貸付期間に対応する日になります。

10月分の家賃を９月に受け取る契約であっても，10月の収入計上になるため，インボイスが必要となります。

貸主が法人の場合は，例外なくインボイスを発行する必要があります。

⑶　借主によってインボイスが不要になる場合

１年以内に役務の提供を受けるための対価をまとめて払った場合に，継続適用を条件に，短期前払費用として全額経費に計上することが認められています。

借主が短期前払費用として，９月までの日に10月以降の家賃を全額経費（課税仕入れ）にしている場合には，その短期前払費用に係る10月以降の家賃についてはインボイスがなくても仕入税額控除が可能です。

《参照》

国税庁　「消費税の仕入税額控除制度における適格請求書等保存方式に関するＱ＆Ａ」問38

Q17 免税事業者の借主から消費税分の賃料を下げてと要請されたら対応するべき？

課税売上げはアパートの駐車場だけです。

借主は会社勤めの方しかおらず免税事業者です。

借主が免税事業者であればインボイスの交付は必要とないと聞いたので，インボイス登録はしない予定です。

駐車場代は消費税込でそのままにしようと思っていますが問題ありますか？

もし，インボイス登録していないことが借主にわかった場合に，消費税分を下げないといけないのでしょうか？

A

借主が免税事業者であれば，消費税の計算をしないためインボイスの交付は必要ありません。つまり，インボイスの影響を受けないのです。

また，消費税法上，免税事業者が消費税相当額を受け取ってはならない等の規定はありません。

免税事業者が消費税額を受け取ることは，インボイス制度が開始された後でも問題はありません（Q４参照）。

しかし，貸主がインボイス登録していないということが借主にわかってしまうことも考えられます。

インボイス番号がなければ国税庁のホームページ上で検索はできない仕様になっていますが，インボイス番号を欲しいと借主に言われたときに，「出せない」と回答することでインボイス登録していない免税事業者であることが発覚してしまいます。

借主がインボイスと関係なくても，消費税分だけでも値下げして欲しい借主は，貸主がインボイス登録しているかどうかを確かめるために，インボイスを要求することが考えられるのです。

インボイス制度によって，貸主が免税事業者であることが露呈してしまうリスクがあるのです。
この場合に，借主からすると，国に消費税を納めていない貸主（免税事業者）に消費税を払うことに抵抗を感じて，消費税分を下げて欲しいと要求してくることが考えられます。

この場合に消費税分を下げなければならないのでしょうか。
前述したとおり，法律上は下げる必要ありません。
しかし，規定がないことを理由に消費税を下げないと伝えても，借主が納得しない可能性があります。
私の個人的な意見になりますが，それでも下げなくてもよいかと考えます。
なぜならば，貸主は駐車場の整備や管理などに係る経費の消費税を負担しています。
もし消費税をとらなければ，経費に係る消費税をどこにも転嫁できずに，貸主が負担することになり，その分の利益が圧迫されてしまいます。
今後，消費税率が上がった場合には，経営を継続できない可能性も出てきます。

だからといって丸々消費税を取るべきかどうかの議論はありますが，全く取ってはいけないこともないでしょう。
あとは借主との話し合いや自身の経営状況によって下げるべきかどうかを検討するべきでしょう。
下げないと退去されて，次の募集が大変になるのであれば下げるという選択肢を取る方がよいでしょう。

Q18 消費税を取っていないからインボイス登録しない。契約書は何もしなくてよい？

アパートに併設している駐車場があるのですが，消費税を取っていません。

それであれば，インボイス登録せずに免税事業者のままでも影響ないと理解しています。

そのまま何もしなくてよいのでしょうか？

A

気をつけないと，免税事業者でも値下げリスクがあります。

現在，駐車場について消費税を取っていないということですが，契約書にどのように記載されているのでしょうか？

例えば，『駐車場代　月１万円』と記載されている場合には，１万円が本体価格なのか，税込金額なのかが不明確になります。

インボイス導入前は，免税事業者からの仕入でも仕入税額控除が可能になっています。

したがって，払う側の処理とすれば，税込10,000円（うち消費税909円）と認識して経理を行います。

インボイス導入後は，免税事業者からの仕入は，仕入税額控除ができなくなるため，消費税分909円を値下げするように要求される可能性があります。

つまり，貸主として消費税を取っていないと認識していても，借主とすれば，消費税が含まれていると認識をしているのです。端数がない１万円という金額で請求していても，税抜価格とは認識してくれないのです。

これを防ぐためには，インボイス制度が始まる前に，１万円が本体価格であり，消費税をとっていないことを契約書などで明記しておく必要があります。

《契約書の記載例》

10,000円（税込。ただし，11,000円のうち消費税分1,000円を値引きした金額）

契約書に記載するまででもなくても，事前に借主にお知らせしておくなどの措置は必要かと思います。

インボイス導入後に，トラブルにならないように事前に準備しておいた方がよいでしょう。

Q19 社宅で貸している部屋はインボイスの対応は必要ない？

社宅として法人に貸している部屋があります。
インボイス制度が始まると，どうなるのでしょうか？

A

住宅用の家賃については非課税とされています。社宅は住宅用なので，この家賃も非課税になります。

これは借主が法人でも同じです。

法人が借主になるからといって，課税売上げにはなるものではありません。

居住の用に供するものかどうかで判定していきます。

契約書で居住用かどうかが明記されていない場合はどうなのでしょうか？

家賃が非課税になる要件は，下記のとおり規定されています。

> 契約において人の居住の用に供することが明らかにされているもの（契約において貸付けの用途が明らかにされていない場合にその貸付け等の状況からみて人の居住の用に供されていることが明らかなものを含みます）に限られます。

客観的に見て，居住用と判断されれば非課税となります。借主が個人か，法人かは関係ないのです。

非課税であれば，借主は仕入税額控除がそもそもできないものになるため，インボイス制度によって影響を受けることはありません。

しかし，住宅用の物件を賃貸していたとしても下記の取引は課税取引になりますのでご注意ください（詳細は21，22ページを参照）。

①　入居者負担分の原状回復工事費用

入居者が退去する場合に，敷金を全額返金しない場合があります。

入居者が負担する修繕費を差し引いて，残った敷金だけを返却するのです。

この返却しなくてよくなった敷金が，課税売上げになります。

②　共益費とは別に入居者から徴収する電気代・水道代

不動産オーナーが支払う電気代・水道代が，各入居者からもらう金額と一致していれば，つまり，差額が生じずに，「預り金」として処理して，単に不動産オーナーを通過しているに過ぎないものは，消費税はかかりません。

しかし，「預り金」処理ができないような差額が生じる場合，つまり，使用量に関係なく一定額で請求していたり，不動産オーナーが少しでも多めに徴収しているような場合には，(差額だけでなく) 徴収金額の全体が課税売上げになります。

賃料は非課税でも，上記の取引についてはインボイスを要求される可能性があります。

Q20 入居者修繕負担金の課税を回避する方法ある？

入居者負担の修繕費は，消費税の課税取引と知りました。

不動産オーナーが工事発注をするにしても，工事代金に利益を上乗せして入居者に請求しているわけではなく，実費で請求しているため，立替金という認識でいました。

実費の請求であっても課税取引なのでしょうか？

課税取引にならない方法はあるのでしょうか？

A

国税庁のホームページには，下記のように説明されています。

> 建物の賃借人には，退去に際して原状に回復する義務があることから，賃借人に代わって賃貸人が原状回復工事を行うことは賃貸人の賃借人に対する役務の提供に該当します。

本来，原状回復工事を行うのは賃借人であって，賃借人が代わりにすることは役務の提供ということです。

住宅用の家賃であっても，入居者負担の原状回復工事費用については，インボイスを要求される可能性があるのです。

実費で請求していれば立替金ではないかという考え方もあると思います。

これについては，入居者から受け取った工事代金を仮受金として消費税の対象外としたが，認められなかった事例として平成21年４月21日の裁決があります。

そこでは次のように説明されています。

> ・消費行為の「役務の提供」の範囲は，「対価を得て行われる」と認

められる「便益」の提供等，消費の対象となる「サービスの提供」を広く包含すると解される。

・本来であれば本件賃借人において負担すべきであった「原状回復義務」を消滅させることを「便益」の提供として消費税法上の「役務の提供」を行ったことになり，また，そのために原状回復費用に充当されることとなる本件合意金が，本件賃借人の「原状回復義務を消滅させる」という「便益」を提供するための反対給付，すなわち「対価」に該当することから，本件合意金は，消費税の課税資産の譲渡等の対価に該当する。

・合意金の大部分が原状回復工事業者に支払われるとしても，それは当該支払に対する消費税が課税仕入れとして仕入税額控除になり得るものであることを意味するに過ぎない。

つまり，原状回復義務を消滅させることは，義務がなくなる，つまり利益であり，便益を与えたことになる。

それにより受け取るものは対価であるから，課税取引になるということを言っています。

実費の請求でも課税取引に該当することになります。

課税取引にならないためにできる対策を考えてみると，借主の「原状回復義務を消滅させる」ことが対価にあたるため，以下であれば，課税対象に該当しないでしょう。

① 借主が原則通り，原状回復義務を履行すること。つまり，借主が直接もしくは管理会社を通じて内装工事会社に発注する。

② 不動産オーナーは，借主に敷金を返金する。

しかし，これでは担保としての敷金の機能を果たさなくなってしまいます。

そこで，私見となりますが，以下でも課税取引にならないと考えます。

③　借主が直接もしくは管理会社を通じて内装工事会社に発注する。
④　工事代金を「賃借人の指示に基づいて」不動産オーナーが預っている敷金から支払う。

借主の指示によって，本来借主に返還すべき敷金の一部（もしくは全部）を代金に充当するという形を取ればよいのではないかと思います。

Q21 入居者に請求する水道代。消費税の課税を回避する方法はある？

アパートを賃貸しています。

水道メーターが１つしかないため，各入居者に水道代を請求しています。

計算が面倒なので一律の金額で毎月請求しています。

住居用であっても，消費税の課税取引なのでしょうか？

課税取引にならない方法はあるのでしょうか？

アパートの水道代などを家賃とは別で請求している場合には，消費税の課税売上げに該当します。

徴収する水道代全体が課税売上げに該当することになります。

これは住宅用で賃貸していたとしても，課税取引です。

アパートであっても，この水道代についてのインボイスを入居者から要求されることがあるのです。

回避する方法は次の２つが考えられます。

⑴　共益費に含める

水道代を一定額で請求しているのであれば，共益費に含めてしまうことで課税取引にならなくすることができます。

＜消費税法基本通達＞

10－１－14　建物等の資産の貸付けに際し賃貸人がその賃借人から収受する電気，ガス，水道料等の実費に相当するいわゆる共益費は，建物等の資産の貸付けに係る対価に含まれる。

住宅用であれば，家賃は非課税ですが，共益費も非課税となります。

⑵ 実費精算をする

不動産オーナーが払った水道光熱費を，各入居者に実費で請求しているなど，実費精算されていると認められる場合，その対価の額を相手方に明示し，預り金又は立替金として処理することによって，課税売上げにせず対象外取引として取り扱われます。

実費精算するようにすることで課税取引にならなくすることができます。

完全に実費精算でならないといけないのかという疑問があります。

不動産オーナーが払った金額よりも，高い金額で入居者に請求している場合は，少額であっても課税取引に該当すると考えます。

では，不動産オーナーが払った金額よりも，低い金額で入居者に請求している場合はどうでしょうか。

私見となりますが，例えば，共用部分の水道代など，不動産オーナーが受け取った共益費から賄うものである場合であれば，その計算が合理的にされていれば，課税取引にならないと考えます。

実費精算で計算する意図で請求しているかどうかが判断になるのではないかと思います。

Q22 水道光熱費の立替え。立替金精算書には電力会社のインボイスの写しが必要？

水道光熱費に関して，親メーターを1つ付けて各テナントには子メーターでの検針数値に基づいて請求書を発行しています。

検針数値の数量に単価（独自に設定）をかけた金額を請求しているため，電力会社に支払う金額よりは若干多い状況になっています。

立替金精算書には電力会社のインボイスの写しが必要と聞きました。しかし，各テナントに建物全体の電気料金を開示する事に抵抗があります。

こちらが発行する請求書で，各テナントは立替金ではなく経費処理することはできないのでしょうか。

A

インボイスの記載事項に，宛名があります。

水道光熱費を不動産オーナーが立て替える場合には，電力会社から発行されるインボスの宛名は不動産オーナーになっていると思います。

このインボイスを借主に渡しても，借主はインボイスとして利用することができません。

このような立替払の場合には，不動産オーナー宛のインボイスがテナントに対するものであることを明らかにするために，電力会社から発行されるインボイスの写しを不動産オーナーから交付を受け，不動産オーナーが作成する立替金明細書（仕入税額控除に必要な事項が記載された明細書等）の交付を受け，これらを併せて保存することによって，テナントの仕入税額控除を認めることとしています。

A社 ＝ テナント入居者，B社 ＝ 不動産オーナー，C社 ＝ 電力会社，という関係の場合，次の取引図になります。

《立替金の取引図》

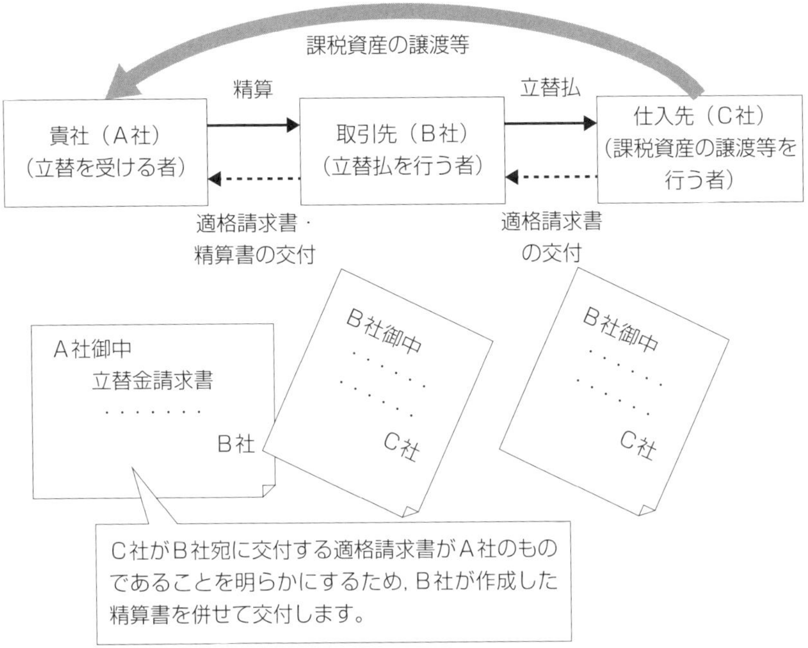

（出典：国税庁「インボイス制度に関するQ&A」問92より）

電力会社から発行されるインボイスの写しを渡すことになり，建物全体の電気料金などを開示することになります。

しかし，テナントの数が多いなど，電力会社のインボイスのコピーが大量となって，コピーを交付することが困難な場合には，不動産オーナーが電力会社のインボイスを保存し，立替金精算書を交付するだけでテナントの仕入税額控除を行うことを認めています。

大型のビルなど多くのテナントに対してインボイスのコピーの交付が必要なケース等では，立替金精算書のみの交付でも問題ないことになります。

この立替金精算書には，電力会社がインボイス発行事業者であることを明らかにするため，電力会社のインボイス登録番号の記載や適用税率ごとに区分するなど，テナントが仕入税額控除を受けるにあたっての必要な事項を立替金精算書に記載しなければなりません。

この方法であれば，建物全体の電気料金などを開示しなくてもよくなります。

しかし，そもそも，テナントに請求する金額が電力会社に支払う金額より大きい金額であれば，立替金ではなく，（電力会社から電気を仕入）テナントに対して電気を売り上げる取引になる可能性があります（Q21参照）。オーナー側でテナントに請求する電気料金の売上を計上することになります。

この場合には，テナントに対して不動産オーナーがインボイスを発行すればよいことになるため，電力会社のインボイス番号や建物全体の電気料金などを開示する必要はありません。

《参照》

国税庁 「消費税の仕入税額控除制度における適格請求書等保存方式に関するＱ＆Ａ」問92

Q23 入居者からケーブルテレビ利用料を徴収。インボイスは影響する？

アパートの入居者から共益費以外に，ケーブルテレビ代として月々利用料をもらっています。

このケーブルテレビ代についてインボイスを要求されるということになるのでしょうか？

A

住宅用の賃貸に係る共益費は消費税の非課税です。

ケーブルテレビ利用料を共益費に含めて徴収する場合には，非課税です。

仮に，共益費とは別でケーブルテレビ利用料を受け取った場合も非課税取引になります。

したがって，インボイスの影響は受けません。

ただし，通常のテレビ放送のほか有線放送や衛星放送については，各戸において別途ケーブル・テレビジョン会社と契約する必要があります。

なお，共益費とは別に入居者から徴収する電気代・水道代で徴収する金額と不動産オーナーが支払う金額に差額がある場合には消費税の課税取引に該当します。

その他，共益費とは別で徴収する場合に消費税の課税取引に該当するものとして，国税庁のホームページで紹介されている例をあげると，以下があります。

- 家具，電気製品等の付属設備使用料
- 給湯サービス利用料
- ハウスキーピングサービス料
- ルーム・メインテナンス料

共益費とは別で徴収する場合には注意が必要です。

24　駐車場収入は非課税にならないの？

駐車場を貸しています。現在は消費税の免税事業者になっています。

インボイス制度が始まった場合に，登録したくないので，駐車場収入を非課税にしたいのですが，消費税を取らなければ非課税になりますか？

土地の賃貸料は消費税の非課税取引になっていますが，駐車場の賃料は課税取引になります。

消費税を取らなくても課税取引になります。例えば，１万円で貸している場合には，１万円（税込）になるということです。

駐車場の賃料を非課税にするために２つの方法が考えられます

(1)　土地の貸付けにできるか

消費税法基本通達６－１－５（注１）に次のとおり規定されています。

> 事業者が駐車場又は駐輪場として土地を利用させた場合において，その土地につき駐車場又は駐輪場としての用途に応じる地面の整備又はフェンス，区画，建物の設置等をしていないとき（駐車又は駐輪に係る車両又は自転車の管理をしている場合を除く。）は，その土地の使用は，土地の貸付けに含まれる。

以下の設備などがあると駐車場施設として認定されることになります。

- アスファルト敷
- 砂利敷
- フェンスと番号札の設置
- ロープなどの区画

・　車止めブロックなどの設置

さらに，平成24年４月19日大阪地裁判決では次のように言及しています。

> 舗装の有無や駐車場としての貸付けに必要な備品の価格が低額であることは，駐車場としての利用に伴って本件各土地を賃借人に使用させるものであって，課税取引に当たるとの認定を左右するものではない。

施設や備品が貧相なものであっても，課税取引にはなるということです。

非課税とするには，これらの施設や設備をなくす必要があります。

しかし，アスファルトなどの施設をなくすことで，相続税に影響が出る可能性があります。

貸駐車場にしていた場合，貸付用の小規模宅地の減額の対象になります。対象になれば，200㎡までの土地の部分の相続税評価が50％減額になります。

この要件の１つに，土地が構築物の敷地の利用にされていることがあります。

構築物があることで，減額が受けられるのです。

⑵　住宅の家賃に含められるか

駐車場の賃料を住宅の家賃に含めることで，駐車場代を非課税にすることができる場合があります。

次の全ての要件を満たす必要があります。

①　集合住宅に係る駐車場で，入居者１戸当たり１台分以上の駐車スペースを確保

②　自動車の保有の有無にかかわらず割り当てられる等で家賃とは別に駐車場使用料を収受していない

1戸1台以上の駐車場スペースがあるか，駐車場を借りなくても，家賃に含めて賃料設定できるかがポイントになります。

(3) 非課税にできたとしても……

なお，駐車場を非課税にした場合，借主は駐車場に係る消費税相当額を仕入税額控除ができません。

例えば，11,000円（うち消費税1,000円）を非課税にして11,000円としても，借主が1,000円分の仕入税額控除ができないことには変わりがないのです。

借主にとっては，駐車場を課税のまま，インボイスが発行できない場合と（仕入税額控除ができないという意味では）同じ状況にはなります。

控除できないから値下げして欲しいと言われる可能性があるということです。

Q25 駐車場金額が１万円未満ならインボイスは不要になる？

１万円未満の金額ならインボイスが不要になると聞きました。

駐車場の金額を１万円で設定しているのですが，インボイス登録したくないので，金額を下げて１万円未満にした方がよいのでしょうか？

A

令和５年税制改正によって中小事業者の事務負担軽減を目的として創設された規定があります。

基準期間（※１）における課税売上高が１億円以下又は特定期間（※２）における課税売上高が5,000万円以下である事業者が，令和５年10月１日から令和11年９月30日まで支払対価の額（税込み）が１万円未満である場合には，一定の事項が記載された帳簿のみの保存により，仕入税額控除の適用を受けることができる経過措置（少額特例）が設けられています（28年改正法附則53の２，改正令附則24の２①）。

（※１） 基準期間とは，個人事業者についてはその年の前々年，法人についてはその事業年度の前々事業年度をいいます（消法２①十四）。

（※２） 特定期間とは，個人事業者についてはその年の前年１月１日から６月30日までの期間，法人についてはその事業年度の前事業年度開始の日以後６月の期間等をいいます。

免税事業者からの取引であっても，１万円未満であればインボイスがなくても仕入税額控除ができるのです。

少額の駐車場などはインボイスが不要になる可能性があります。

しかし，インボイスが不要になるのは売上規模の要件を満たす借主のみです。借主の売上状況によってはインボイスが必要になります。

借主の売上規模は駐車場申込書などで把握できるかもしれません。

しかし，売上規模がわかったところで，借主によって金額を変えたり，インボイスを発行する・しないを管理するのは現実的ではないと考えます。

駐車場料金を１万円未満にしたところでインボイスを発行しなくてよいことにはならないため，この規定をあてにして金額を下げる判断をしなくてもよいかと思います。

インボイス登録しない場合に，インボイスが必要と言われた際の対策として，１万円未満に下げる選択肢がある程度に認識しておけばよいでしょう。

《参照》

国税庁　「消費税の仕入税額控除制度における適格請求書等保存方式に関するＱ＆Ａ」問109

Q26 返還インボイスを発行する場合はどんなとき？

令和５年の税制改正で，少額の返還インボイス交付義務の免除とありますが，そもそも返還インボイスって何ですか？

どんな場合に交付しなければならないのでしょうか？

A

返品や値引きなど売上に係る対価の返還を行った場合は，返還インボイス（適格返還請求書）を相手方に交付しなければなりません。

不動産賃貸の場合には，退去した場合の家賃の返金が，返還インボイスを出す場合に該当すると思われます。

月の途中で解約があった場合には，１か月の家賃から，月の始めから退去日までの日割り計算をし，差額を返金することがあります。

この返金について，返還インボイスの要件を満たす記載をしなければなりません。

《返還インボイスに記載する事項》

① 請求書発行者の氏名又は名称及び登録番号

② 返還を行う年月日及び返還の基となった取引年月日（一定の期間の記載でよい）

③ 返還の基となった取引内容

④ 返還金額（税抜き又は税込み）を税率ごとに区分した合計金額

⑤ 返還金額に係る消費税等又は適用税率

賃料精算書

(株)△△御中

① ○○　○○
登録番号　T01234…

② 202X年○月○日

11月分の賃料につき下記のとおり返金致します。
退去日：11月20日

合計金額　44,000円

②　③　項目	金額
11月分　賃料（税込）	110,000円
11月分　共益費（税込）	22,000円
合計	132,000円
11月１日～20日分賃料（税込）	△ 73,333円
11月１日～20日分共益費（税込）	△ 14,567円
合計	△ 88,000円
11月分（21日～30日） 賃料返金金額（10％対象）⑤	④ 44,000円

通常のインボイスと大きく異なる点は以下です。

・　宛名がなくてもよい

・　返還の基となった取引年月日が必要

・　消費税額，適用税率はどちらかが記載あればよい（両方記載することでも問題ない）

なお，令和５年の税制改正では，「売上に係る対価の返還等に係る税込価額が１万円未満である場合には，その返還インボイスの交付を免除する」となっています。

１万円未満なので家賃の返金には適用できるケースは少ないかもしれません。

借主が，振込手数料を差し引いて家賃を払った場合に，振込手数料を値引き処理する際に返還インボイスが必要と言われていましたが，こちらが不要になったということです。

《参照》

国税庁「消費税の仕入税額控除制度における適格請求書等保存方式の関するＱ＆Ａ」問29，58

27 時間貸しパーキングに土地を貸している場合のインボイスの対応は？

時間貸しパーキングに土地を貸している場合，このまま免税事業者でいても問題ないのでしょうか？

土地の譲渡や貸付けは，消費税の課税対象とならないこととされています（非課税取引）。

なお，土地の貸付けのうち，貸付けに係る期間が1か月に満たない場合及び駐車場その他の施設の利用に伴って土地が使用される場合は，非課税にはなりません。

土地をコインパーキング事業者に貸して，その会社が運営をしているようなものであれば，土地を貸しているにすぎませんので，受け取る地代には消費税がかかりません。

個人事業税の事例ではありますが，このようなケースでは土地貸しと認定しています。

> 土地の貸主が，駐車場用地として一括して貸し付けている場合で，自らは建築物駐車場や機械式駐車設備を設置しておらず，かつ，貸し付けた相手方自身は駐車せずに第三者に駐車させているようなケースは，駐車場業ではなく，土地の貸付けとして判断します。

上記のような場合には消費税は非課税となり，インボイスは必要ないことになります。

しかし，コインパーキング事業者に貸し付ける時点で駐車場としての機能を有していた場合には結論が異なります。

以下の裁判事例や裁決事例があります。

《平成24年11月29日大阪高裁判決》

　貸付けの時点において駐車場設備としての実質を有していたことを認めることができるのであるから，本件貸付けを更地の貸付けと同視することは相当でない。

《平成23年３月28日裁決事例》

　無人時間貸駐車場として利用されることを認識しながら，土地上の駐車場として利用可能なアスファルト舗装等の減価償却資産（構築物）が存するまま貸与する旨合意し，実際に貸与したものであるから，本件各契約に基づく賃貸借は，いずれも単なる「土地の貸付け」ではなく，駐車場としての機能を備えた施設の利用に伴って土地が使用される場合に該当するものと認めるのが相当である。

まとめると，コインパーキング事業者に土地を賃貸する時点の状況によって変わります。

アスファルト敷などの駐車場の設備がない状態
　⇒　土地の貸付として非課税（インボイス不要）
アスファルト敷などの駐車場の設備があった状態
　⇒　駐車場の貸付として課税取引（インボイス必要）

コインパーキング事業者とどのような契約になっているか確認した方がよいでしょう。

Q28 SOHO（住居兼事務所）として賃貸した場合は消費税は課税？

貸家をSOHOとして利用したいと言われました。
受け取る家賃は，消費税は課税取引になるのでしょうか？

SOHOとは，「Small Office Home Office」の略語で，一般的には住居兼仕事場（事務所）として利用することです。

テレワークやフリーランスが増え，SOHOとして利用したいという入居者も増えるのではないかと予想されます。

SOHO利用，つまり，住居兼事務所での利用の場合の家賃の消費税の取り扱いはどのようになるのでしょうか？

これは賃貸借契約書にどのように記載するかによって異なります。

⑴　住居使用部分と事務所使用部分を区分する場合

賃貸借契約書に住居使用部分の家賃と事務所利用部分の家賃で区分して記載した場合には，居住用部分は非課税，事務所部分は課税となり，事務所部分について消費税を上乗せして請求すればよいことになります。

⑵　住居使用部分と事務所使用部分が明確にされていない場合

賃貸借契約書において，『居住用又は事業用どちらでも使用することができる』などと記載されていて，明確な区分がない場合には，実態で判断していきます。

①　建物の状況等から明らかに居住用であると判断できる場合
　⇒　家賃は非課税になります。

②　建物の状況等から明らかに居住用であると判断できない場合
　⇒　家賃は課税になります。

⑶　居住用として賃貸していたが，入居者が黙って事務所利用していた場合

消費税法基本通達６－13－８（注）に下記の規定があります。

> 貸付けに係る契約において住宅として借り受けている建物を賃借人が賃貸人との契約変更を行わずに，当該賃借人において事業の用に供したとしても，当該建物の借受けは，当該賃借人の課税仕入れに該当しないのであるから留意する。

課税仕入れができないということは非課税の扱いになるため，貸主は非課税のままで問題ありません。

Q29 太陽光発電収入がある場合，インボイスの登録は必要？

太陽光発電収入があります。
インボイスの登録は必要になるのでしょうか？

2023年（令和５年）２月10日に資源エネルギー庁からFIT制度（再生可能エネルギーの固定価格買取制度）のインボイス制度の対応についてホームページ上で公表されました。

（https://www.enecho.meti.go.jp/category/saving_and_new/saiene/kaitori/fit_invoice.html）

免税事業者は，「インボイス制度に関する対応は不要です。インボイスの登録がなくとも，現行の買取価格が変更されることはありません」と記載してあります。

さらに，今後新たにFIT認定を受ける場合においても，「2023年度以降，新たにFIT認定を受けようとされる際も，免税事業者に該当する方については，これまでと同様，インボイス発行事業者としての登録がない場合にも，FIT認定を受けることが可能です」となっています。

なお，課税事業者に該当する方については，インボイス発行事業者としての登録を行うことをFIT認定の要件とする予定としています。

つまり，免税事業者は，インボイス登録しなくても今までどおり益税が受けられます。

また，今後も免税事業者は，インボイスの登録なくても，FIT認定を受けられることになります。

免税事業者に寛大な結論になったという印象です。

これはインボイス登録状況について資源エネルギー庁が調査をした結果，益税になる部分の影響が少ないと判断できたからかと推測されます。

したがって，太陽光発電を免税事業者でやるメリット（益税）は大きいと言えます。

免税事業者で太陽光発電をしている方は，太陽光発電収入だけの法人にして課税売上げを増やさないようにする等の課税事業者にならない対応を検討した方がよいかもしれません。

ただし，消費税還付を受ける場合には，課税事業者であることが必要になるので注意してください。

なお，総合資源エネルギー調査会における再生可能エネルギー大量導入・次世代電力ネットワーク小委員会（2023年２月９日）の意見では以下のような意見が挙がっています。

・　FIT認定事業者に対してインボイス登録を義務付けるべき。
・　本来は課税事業者に登録させるのが筋であり，来年度の対応は例外という位置づけとして，翌年度以降の対応を早めに検討してほしい。

太陽光発電収入がある場合のインボイス登録は一旦必要ありません。

しかし，インボイスの経過措置期間が終わった後などの今後の対応はまだ不透明と言えるでしょう。

30 保証金の償却。インボイスが必要なタイミングはいつ？

マンションの１階を店舗として賃貸しています。

テナント入居者から保証金を預かっています。保証金の償却をする場合，どのタイミングでインボイスを発行しなければならないのでしょうか？

店舗などを賃貸する際に，借主から多額の保証金を預かるかと思います。

敷金であれば返金することが前提となっていることが多いですが，店舗などの保証金の場合には，保証金の償却をすることで返還しない保証金が発生することがあります。

この返還しない保証金は消費税の課税取引になります。

この課税時期とインボイスの発行のタイミングに気をつける必要があります。

＜消費税法基本通達＞

５－４－３　借家保証金，権利金等

建物又は土地等の賃貸借契約等の締結又は更改に当たって受ける保証金，権利金，敷金又は更改料（更新料を含む。）のうち賃貸借期間の経過その他当該賃貸借契約等の終了前における一定の事由の発生により返還しないこととなるものは，権利の設定の対価であるから資産の譲渡等の対価に該当するが，当該賃貸借契約の終了等に伴って返還することとされているものは，資産の譲渡等の対価に該当しないことに留意する。

返還される保証金や敷金は当然，課税の対象になりません。

事業用の建物の賃貸借契約の締結や更新に伴う保証金，権利金，敷金又は更新料などのうち，返還しないものは，課税の対象になります。

居住用の建物の賃貸借契約の締結や更新に伴う保証金，権利金，敷金又は更新料などのうち，返還しないものは非課税取引になります（ただし，返還しない理由が，入居者が負担する修繕負担分に充当するものである場合には課税取引になります）。

(1) 課税になるタイミング

＜消費税法基本通達＞

9－1－23　保証金等のうち返還しないものの額を対価とする資産の譲渡等の時期

資産の賃貸借契約等に基づいて保証金，敷金等として受け入れた金額であっても，当該金額のうち期間の経過その他当該賃貸借契約等の終了前における一定の事由の発生により返還しないこととなる部分の金額は，その返還しないこととなった日の属する課税期間において行った資産の譲渡等に係る対価となるのであるから留意する。

返還しないことが確定した時点で課税売上げになります。

例えば，契約書上に次の文言があった場合で考えてみます。

① 保証金は家賃の５か月分（100万円）とし，そのうち契約終了時に２か月分（40万円）を償却する。

② 保証金100万円とし，１年経過後に10％ずつ償却する。１年未満の場合には全額返却する。

①の場合，契約締結時に40万円を返還しないことが確定しています。

契約締結時に40万円が課税売上げになります。契約終了時ではないことに注意してください。

②の場合，契約締結時には返還が確定していません。１年経過した時点

に10％（10万円）が課税売上げになります。その後は１年経過毎に課税売上げになります。

⑵　インボイスを発行するタイミング

課税取引に該当するタイミングでインボイスが必要になります。

上記の例で考えると次のとおりになります。

①の場合，契約締結時に40万円分のインボイスを発行

②の場合，１年経過ごとに10万円分のインボイスを発行

どのタイミングで課税売上げになって，インボイスが必要になるのかを管理しておかなくてはならなくなるのです。

Q31 インボイス登録しない。自動販売機で販売する商品の値段も下げる必要ある？

アパートの敷地の一画に自動販売機を設置しています。

販売する飲み物は１本あたり110円～130円で値段設定しています。

課税売上げはこの自動販売機の売上くらいしかないため，インボイス登録はしないつもりです。

インボイスが始まったら，自動販売機で販売する商品の値段を下げなければならないのでしょうか？

A

３万円未満の自動販売機及び自動サービス機により行われる商品の販売等については，事業の性質上，適格請求書を交付することが困難なため，適格請求書の交付義務が免除されます。

自動販売機や自動サービス機とは，代金の受領と資産の譲渡等が自動で行われる機械装置であって，その機械装置のみで，代金の受領と資産の譲渡等が完結するものをいいます（インボイス通達３－11）。

自動販売機による飲食料品の販売のほか，コインロッカーやコインランドリー等によるサービス，金融機関のATMによる手数料を対価とする入出金サービスや振込サービスのように機械装置のみにより代金の受領と資産の譲渡等が完結するものが該当することとなります。

なお，小売店内に設置されたセルフレジを通じた販売のように機械装置により単に精算が行われているだけのもの，コインパーキングや自動券売機のように代金の受領と券類の発行はその機械装置で行われるものの資産の譲渡等は別途行われるようなもの及びネットバンキングのように機械装置で資産の譲渡等が行われないものは，自動販売機や自動サービス機による商品の販売等に含まれません。

飲み物の自動販売機であれば，インボイス交付義務が免除されるものなので，課税事業者である買主は，インボイスがなくても仕入税額控除ができます。

したがって，インボイス登録していなくても，金額を下げる必要はないかと考えます。

《参照》

国税庁「消費税の仕入税額控除制度における適格請求書等保存方式の関するＱ＆Ａ」問47

Q32 共有不動産。２分の１がインボイス登録事業者，２分の１が免税事業者はあり？インボイスの発行はどうする？

私と父は賃貸物件を２分の１ずつ共有で所有しております。

１階がテナント，２～５階が居住用です。

現在，父は簡易課税事業者（個人），私は免税事業者（個人）になっています。

今後，父がインボイスの登録事業者となり，私が免税事業者のままの場合，テナント借主は賃料の２分の１を仕入税額控除の対象とできるのでしょうか？

可能な場合，インボイスの発行はどのようにすればよいでしょうか？

A

共有物件の場合，一方がインボイス登録事業者，一方が免税事業者ということもありえます。

この場合，テナント借主は，インボイス登録事業者であるお父様の賃料分だけを仕入税額控除ができることになります。

国税庁のQ&Aでも下記のように記載されています。

> 適格請求書発行事業者が適格請求書発行事業者以外の者と資産を共有している場合，その資産の譲渡や貸付けについては，所有者ごとに取引を合理的に区分し，相手方の求めがある場合には，適格請求書発行事業者の所有割合に応じた部分について，適格請求書を交付しなければなりません（インボイス通達３－５）。

この場合のインボイスの発行ですが，借主は，インボイス発行事業者の持分に対応する賃料のみ，仕入税額控除の対象になります。

請求書や契約書で，２分の１の金額がインボイス登録の対象であることがわかるように区分した上で，インボイス要件を満たす記載事項（登録者名，登録番号，取引内容，年月日，金額，税率，消費税額，宛名）を記入する必要があります。

テナント借主の経理処理が複雑になってしまうことかと思います。

テナント借主に事前に，インボイス登録事業者と免税事業者が混在してしまう旨，請求書や契約書をどのように記載することになるかを，説明・話し合いをすることがよいと考えます。

《参照》
国税庁「消費税の仕入税額控除制度における適格請求書等保存方式の関するＱ＆Ａ」問51

Q33 共有者全員がインボイスを登録する。共有者全員からインボイスの発行が必要？

テナントビルを兄弟３人で共有しています。

３人ともインボイス登録する予定です。

賃貸借契約は３人のうちの代表者が借主になっています。

この場合，インボイスの発行は代表者から発行すればよいのでしょうか？

それとも３人全員のインボイスの発行が必要になるのでしょうか？

A

インボイス登録は１人１人が登録するものであり，インボイス番号も各人に与えられるものになります。

請求書や領収書をインボイスとする場合には，３名の名前とインボイス番号を記載しないと要件を満たさないことになります。

また賃貸借契約書をインボイス代わりにする場合にも，３名の名前とインボイス番号が必要になります。

しかし，それでは書類が煩雑になってしまいます。

この場合，媒介者交付特例を類推して適用することができるのではないかと考えます。

媒介者交付特例とは，媒介又は取次ぎを行う者である受託者が，委託者に代わって，受託者の氏名又は名称及び登録番号を記載したインボイスを，委託者の取引先に交付することができる特例です。

媒介者交付特例は，物の販売などを委託し，受託者が買手に商品を販売しているような取引だけではなく，請求書の発行事務や集金事務といった商品の販売等に付随する行為のみを委託しているような場合も対象となります。

この特例を使うことで，代表者（媒介者）のみの名前とインボイス登録番号だけの記載でよいことになります。

次の要件を全て満たす必要があります。

① 委託者及び受託者（媒介者）がインボイス登録をしていること

② 委託者が受託者に，自己がインボイスの登録を受けている旨を取引前までに通知していること

この場合であれば，契約書などを代表者のままで変更する必要はなく従来どおりで問題ないと考えます。

《参照》

国税庁「消費税の仕入税額控除制度における適格請求書等保存方式の関するＱ＆Ａ」問49

Q34 インボイス登録を辞めた場合，借主に知らせるべき？

令和３年に不動産の売却をしたため，令和５年は消費税の課税事業者になっています。

貸事務所が１室あるためインボイス登録しようと思っています。

インボイス登録をした後，インボイス登録をやめて免税事業者に戻った場合，借主に知らせるべきなのでしょうか？

A

インボイス登録を辞めた場合，取引先に通知しなければならないという義務はありません。

国税庁のホームページでインボイス登録がされていないことは確認することが可能だからです。しかし，インボイス登録をやめた旨を借主に知らせた方がよいでしょう。

請求書を毎月発行していない場合には，賃貸借契約書にインボイス登録番号を記載します。

契約書が変更されない限り，登録を辞めたタイミングが借主にとってはわかりづらい状況にあります。

借主にとっては，仕入税額控除ができなくなる影響があります。

トラブルにならないように，できれば事前に登録をやめる旨は伝えた方がよいかもしれません。

また，賃貸借契約書に『インボイスの登録に変更があった場合には，借主に通知する』旨の条項が記載されていることもあると思います。

その場合には，通知しないことで契約違反になってしまいますので，契約書の内容はよく確認した方がよいでしょう。

なお，インボイス登録事業者ではないにも関わらず，インボイス等と誤認される恐れのある表示をした書類を交付した場合，１年以下の懲役又は50万円以下の罰金に処するとされています。

① 免税事業者から登録事業者に変わる場合

② 登録事業者から免税事業者に変わる場合

上記のいずれの場合も通知した方がよいと考えます。

Ⅲ　管理編

Q35 不動産オーナーがインボイス登録していなくても，入金口座を管理会社にすれば，管理会社がインボイスを発行してもよい？

不動産管理の一環で，不動産オーナーの代わりに請求書発行などを請け負ってきました。

不動産オーナーがインボイス登録をしていなくても，テナント借主よりインボイスの発行を求められたときには，管理会社（インボイス登録済み）としてインボイスの発行をしてもよいのでしょうか？

家賃の入金口座を管理会社にしていればよいということになりますか？

A

管理会社は賃料を預かっているだけなので，不動産オーナーにインボイス登録がなければ，テナント借主は仕入税額控除ができません。

入金口座を管理会社にしても結論は変わりません。

管理会社としてインボイスの対応し，テナント借主が仕入税額控除ができる可能性があるものとして以下の３つの方法が考えられます。

⑴　不動産オーナーに代わって管理会社が代理発行するインボイスの交付を受ける

⑵　媒介者交付特例を使った管理会社のインボイスの交付を受ける

⑶　管理会社から立替金精算書等の交付を受ける

それぞれに当てはめて検証してみます。

⑴　管理会社が代理発行する場合

貸主が免税事業者の場合には，インボイスが発行できませんので，代理をする管理会社が発行することはできません。

代理人が本人以上の権限を持つことはないためです。

⑵　媒介者交付特例

次の①及び②のいずれの要件を満たすことにより，管理会社が賃貸オーナーに代わって，インボイスを借主に交付ができる特例です。

①　賃貸オーナー及び管理会社がインボイス登録をしていること

②　賃貸オーナーが管理会社に，自己がインボイスの登録を受けている旨を取引前までに通知していること

オーナーがインボイスに登録していることが前提となります。

⑶　立替金精算書

管理会社が発行する立替金精算書の交付をもって，借主が仕入税額控除ができることがあります。

立替金精算書とはインボイス通達４－２に記載される方法で，立替金の場合のインボイスの取り扱いを示したものです。

仮にテナント借主（支払者Ａ），管理会社（立替払をする者Ｂ），不動産オーナー（仕入先Ｃ）とした場合，Ｃのインボイスのコピーとともに，Ｂが発行する立替金精算書等の書類を一緒に交付して，Ａに保存してもらう必要があることを原則としています。

なお，Ｃのインボイスのコピーが大量にとなるなどの事情により，Ｂがコピーを交付することが困難なときは，ＢがＣから交付を受けたインボイ

スを保存し，Ｂが作成する立替金精算書の交付・保存をもって，Ａは仕入税額控除ができることになります。

この立替金精算書には，インボイス発行事業者からの仕入か，それ以外の仕入かどうかを明らかにし，適用税率ごとに区分するなど，仕入税額控除に必要な事項が記載されていることが求められます。

つまり，不動産オーナーがインボイス登録していることが前提となります。

したがって，どの方法をとっても，不動産オーナーがインボイス登録をしない限りはテナント借主の仕入税額控除はできないことになります。

オーナーがインボイス登録していることが前提となります。

《参照》

国税庁　消費税の仕入税額控除制度における適格請求書等保存方式に関するＱ＆Ａ問48，92

Q36 不動産オーナーに代わって管理会社がインボイスの発行はできる？

インボイスの発行を不動産オーナーから依頼された場合には，管理会社としてインボイスを発行してもよいのでしょうか？

A

管理会社が管理業務の一環として，不動産オーナーのインボイスを発行することは可能です。

方法としては２通りあります。

⑴ 代理交付

管理会社が不動産オーナーを代理して，インボイスを借主に交付する方法です。

このインボイスには，不動産オーナーの氏名及びインボイス登録番号などを記載する必要があります。

不動産オーナーが作るインボイスをオーナーの代わりに渡すということです。

⑵ 媒介者交付特例による発行

次の①及び②のいずれの要件を満たすことにより，管理会社が不動産オーナーに代わって，インボイスを借主に交付する方法（媒介者交付特例）です。

このインボイスには，管理会社の氏名及びインボイス登録番号などを記載することになります。

不動産オーナーの氏名やインボイス登録番号を記載しなくてもよいというメリットがあります。

① 不動産オーナー及び管理会社がインボイス登録をしていること

② 不動産オーナーが管理会社に，自己がインボイスの登録を受けている旨を取引前までに通知していること

なお，通知を受ける方法として，下記があります（インボイス通達３－７）。

・ 個々の取引の都度，事前に不動産オーナーから登録番号を書面等により通知する方法
・ 基本契約等（管理委託契約など）により不動産オーナーの登録番号を記載する方法

また，この特例を適用する場合には，管理会社として下記の対応が求められます。

・ 交付したインボイスの写しを保存する。
・ 交付したインボイスの写しを速やかに不動産オーナーに交付又は提供する。

媒介者交付特例を選択する場合には，管理会社としての事務負担が増えてしまう可能性があります。

インボイスの発行を誰がどのようにするか，事前に不動産オーナーと協議しておくことが必要と考えます。

《参照》

国税庁 「消費税の仕入税額控除制度における適格請求書等保存方式に関するＱ＆Ａ」問48

Q37 媒介者交付特例。管理会社と不動産オーナーの間で取り交わす書面は必要？管理会社の請求との区別は？

媒介者交付特例を使って借主へのインボイス対応を考えています。

このときに不動産オーナーと書面等交わす必要はないのでしょうか？

インボイスは，オーナーの請求分と管理会社の請求分も一緒にしてもよいのでしょうか？

また，借主に交付するインボイスが媒介者交付特例を使って発行されたものとわかるのでしょうか？

媒介者交付特例とは，媒介又は取次ぎを行う者である受託者が，委託者に代わって，受託者の氏名及び登録番号を記載したインボイスを，委託者の取引先に交付することができる特例です。

管理会社が，不動産オーナーの代わりに，管理会社の名前と登録番号を記載したインボイスを交付できることになります。

媒介者交付特例を適用する場合の不動産オーナーと管理会社との間の取り交わしについては，インボイス通達に規定されています。

> ３－７　(媒介者等に対する通知の方法)
>
> 適格請求書発行事業者が，媒介者交付特例を受けるには，媒介者等が課税資産の譲渡等の時までに事業者から適格請求書発行事業者の登録を受けている旨の通知を受けていることが要件となるが，当該通知の方法については，例えば，当該事業者が個々の取引の都度，事前に登録番号を当該媒介者等へ書面等により通知する方法のほか，当該事業者と当該媒介者等との間の基本契約書等に当該事業者の登録番号を記載するといった方法がある。

不動産オーナーから登録番号などの事前通知を受ける必要があります。

この通知の方法として次の２つが考えられます。

・　個々の取引の都度，事前に不動産オーナーから登録番号を書面等により通知する方法
・　基本契約等（管理委託契約など）により不動産オーナーの登録番号を記載する方法

都度通知するのは現実的ではないと思いますので，管理委託契約書に記載することがよいでしょう。

不動産オーナーの請求と管理会社の請求の区別については，国税庁Q&A問48に次のように記載されています。

> 媒介者交付特例により適格請求書の交付を行う受託者が，自らの課税資産の譲渡等に係る適格請求書の交付も併せて行う場合，自らの課税資産の譲渡等と委託を受けたものを一の適格請求書に記載しても差し支えありません。

とくに区別は必要ないと考えます。

媒介者交付特例は，管理会社も不動産オーナーも登録事業者であることが前提になっています。

借主は仕入税額控除ができればインボイスの交付を受ける目的は達成されるため，不動産オーナーからの請求か管理会社からの請求かの区別ができなくても，インボイス上は問題ないためと考えます。

インボイスは仕入税額控除ができるかどうかの問題なのです。

《参照》
国税庁　消費税の仕入税額控除制度における適格請求書等保存方式に関するＱ&Ａ問48

Q38 インボイスを１年に１回の発行としてもよい？

不動産オーナーからインボイスの発行を依頼されています。

毎月発行するのは大変なので，事務負担軽減のためにインボイスの発行を１年に１回の年間の賃料明細書にインボイス記載項目を追加して交付することでもよいでしょうか？

インボイスに記載する必要事項は下記の６項目です。

① 請求書発行者の氏名又は名称及び登録番号

② 取引年月日

③ 取引内容（軽減税率対象品目である旨）

④ 税率ごとに区分して合計した対価の額（税抜き又は税込み）及び適用税率

⑤ 税率ごとに区分した消費税等

⑥ 書類の交付を受ける事業者の氏名又は名称（宛名）

請求書や領収書にこれらが記載されていることが求められますが，様式は法令で定められていません。

上記の６項目を満たせば，どのような様式でも構わないことになっています。

また取引年月日は，事業者毎の判断で特定できれば問題ありません（国税庁コールセンター回答。著者調べ）。

例えば，月単位や「○月～△月分」といった記載も認められると考えます。

したがって，○月分～△月分と記載するなどで，１年に１回の賃料明細書であってもインボイスとして認められるものと考えられます。

例えば，１年に１回作成する支払調書を活用してインボイスとしてもよいとされています。

具体的には，借主が発行する「不動産の使用料等の支払調書」を修正して，不動産オーナーに確認した上で保存すればよいことになります。

【不動産の使用料等の支払調書を利用したインボイスの例】

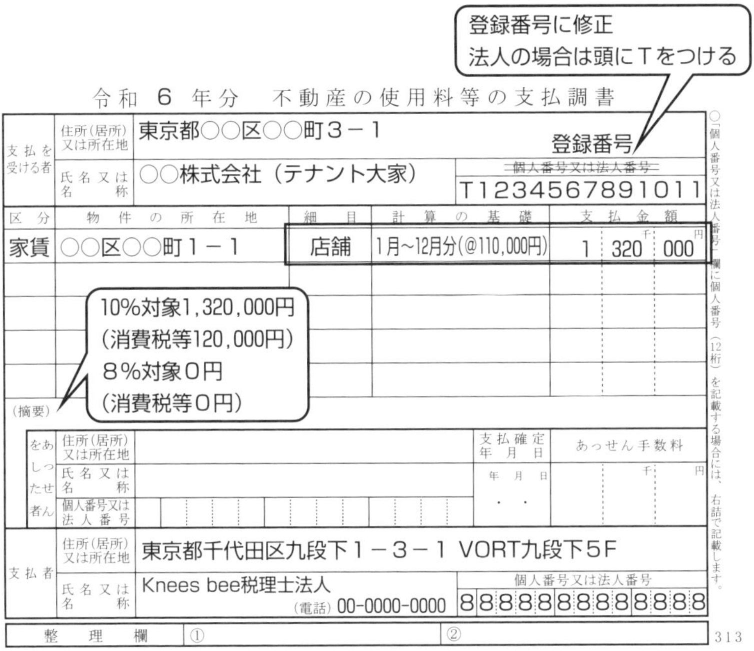

法人のインボイス登録番号は，既存の法人番号にTをつけたものになります。

「T」（ローマ字）＋法人番号（数字13桁）

支払調書には法人番号を記載する欄があり，すでに法人番号が記載されています。

その法人番号の頭にTをつければインボイス登録番号として流用できる

ことになります。

なお，個人のインボイス登録番号は，インボイス登録時に割り当てられるのでマイナンバーを流用することはできません。

ちなみにインボイスに必要な上記の６項目の記載事項以外の情報が記載されていたとしても，仕入税額控除の適用に影響はありません。

Q39 賃貸借契約書をインボイスに代える場合の注意点は？

賃貸借契約書をインボイスとすることができると聞きました。
この場合の注意点を教えてください。

A

インボイスとは，下記の全ての記載がされる請求書や領収書などです。

① 請求書発行者の氏名又は名称及び登録番号

② 取引年月日

③ 取引内容

④ 税率ごとに区分して合計した対価の額（税抜き又は税込み）及び適用税率

⑤ 税率ごとに区分した消費税等

⑥ 交付を受ける事業者の氏名又は名称（宛名）

インボイスがなくても，賃貸契約書にインボイス記載事項の取引年月日（上記②）以外の記載がある場合には，その契約書とともに，借主側で取引年月日の事実を示すための通帳や銀行が発行した振込金受取書を保存することで，仕入税額控除の要件を満たすこととなります。

この場合の注意点は下記の３点です。

(1) 消費税率を記載する

賃貸借契約書に消費税率まで記載していないことがあります。

消費税率を記載してしまうと，将来消費税率が変更した場合に，契約書を再度締結しなおさなければならなくなることを懸念しているのではないかと思われます。

そのため，賃貸借契約書に下記文言を入れて，消費税率の変更があっても契約書を変更しなくてよいようにしています。

【例】

> 賃料は，税法の改正により消費税等の税率が増減した場合には，新税率適用日以降における税率により計算した賃料額とする。

しかし，消費税率はインボイスの記載事項の１つです。

賃貸借契約書に消費税率を記載し，消費税率の変更があった場合に通知をすればよいかと考えます。

国税庁のQ&Aでは「令和５年９月30日以前からの契約について，契約書に登録番号等の適格請求書として必要な事項の記載が不足している場合には，別途，登録番号等の記載が不足していた事項の通知を受け，契約書とともに保存していれば差し支えありません。」とあります。

インボイス登録番号を想定しているものですが，登録番号「等」とあるように他の記載事項にも適用できると考えます。

【変更の通知例】

> 消費税率が変更することに伴い賃貸借契約書を下記のとおりに変更になります。
>
> 契約書と併せて本書の保管をお願いします。
>
> 消費税率：○%

消費税額：○○○円

⑵　対価の合計を記載する

インボイスの記載事項として，「税率ごとに区分して合計した対価の額（税抜き又は税込み）及び適用税率」があります。

例えば，テナント賃料と共益費があった場合

・　12月分　店舗賃料（10％対象）　100,000円

・　12月分　共益費（10％対象）　　10,000円

と記載するだけでは足りず，

・　合計　110,000円（10％対象）

と合計した対価の額を記載する必要があります。

合計を記載する欄がない契約書が多いと思います。

契約書の雛形を変更するのは難しい場合には，備考欄に記載することや，不足事項の通知を利用することが考えられます。

⑶　日割り家賃などにはインボイスの発行が必要

賃貸借契約書では対応できない取引があった場合には，インボイスを発行しなければならない可能性があります。

例えば，月の途中の入退去があった場合に日割り家賃で受け取る場合があります。

この日割り家賃は契約書に記載されていないため，別途インボイスが必要になることになります。

《参照》

国税庁　「消費税の仕入税額控除制度における適格請求書等保存方式に関するＱ＆Ａ」問93

Q40 不動産オーナーからインボイス登録したくないと相談された。どう対応する？

店舗と駐車場を所有する不動産オーナーの物件を管理しています。

店舗と駐車場の収入は年間で1,000万円以下です。

このオーナーから，インボイス登録をしたくない，登録しないための良い方法はないかと相談されています。

どう対応すればよいでしょうか？

A

インボイス登録は任意です。強制されるものではないため，不動産オーナーの意思は尊重されるべきです。しかし，登録しないことのリスクは十分に説明した方がよいでしょう。次の手順でインボイス登録が必要かどうかを検討し，そのリスクを説明することがよいと考えます。

(1) 借主がインボイスを必要としているか

借主がインボイスを必要としていない場合があります。

仕入税額控除ができないことによって消費税の負担が増えてしまうのは，借主が消費税の課税事業者であり，原則課税になっている場合です。

借主が免税事業者（原則，２年前の課税売上げが1,000万円以下など）である場合には，消費税の納税義務がありませんので，インボイスによる影響は受けません。

また，借主が課税事業者であっても，簡易課税制度を選択している場合（２年前の課税売上げが5,000万円以下などの要件を満たしている場合）にも，インボイスによる影響は受けません。

仕入に係る消費税を取引ごとに計算しないため，インボイスの保存が必要ないとされているからです。

借主が，免税事業者や簡易課税制度を利用しているかどうかは，聞いてみないとわかりませんが，予測は立てられるかと思います。

インボイスの影響を受けない人に共通するのは，事業の規模が小さい（個人事業主に多い傾向にある）方です。

借主が個人であれば，インボイスによる影響はない可能性があります。

ただし，値下げ要請のリスクは残ります（詳しくはQ17参照）。

⑵ 経過措置があることで免税事業者を維持することを説明する

インボイス制度が導入しても，急激な変化にならないように経過措置が設けられています。

経過措置の期間中は，免税事業者からの課税仕入れについても，仕入税額相当額の一定割合を控除できることになります。

期間	控除
2023年（令和５年）10月１日～2026年（令和８年）９月30日	80%控除
2026年（令和８年）10月１日～2029年（令和11年）９月30日	50%控除

インボイスが発行できなくても，消費税は一部控除できることを説明します。

当然，一部控除では納得いかない借主が多いと思います。

借主に納得してもらうようにするには仕入税額控除ができない部分に相当する部分（消費税額の20%相当額）を値引きすることで，借主に負担がないように賃料を調整することが考えられます。

詳細は26～28ページを参照してください。

⑶ 退去を覚悟で免税事業者を維持する

インボイス登録するかは任意です。インボイス登録せずに免税事業者を維持しても問題はありません。

また免税事業者が消費税を請求してはいけないということでもありません。

今までどおり，免税事業者のまま同じ賃料で請求すること自体は制度上の問題はありません。

しかし，借主から退去されるリスクがあることを覚悟しなければなりません。

借主が退去して，インボイス登録している不動産オーナーの物件を借りることは引き止められることではないためです。

Q41 居住用で貸していた部屋が事務所として利用されている。インボイスの影響はある？

管理会社としてオーナーの物件を管理しています。

マンションの１室を法人に賃貸していて，居住用の賃貸借契約を締結しています。

実態として法人の事務所として利用しているようで，オーナーもそれを了承している様子です。

消費税やインボイスの影響はないのでしょうか？

消費税法基本通達６－13－８（注）に下記の規定があります。

> 貸付けに係る契約において住宅として借り受けている建物を賃借人が賃貸人との【契約変更を行わずに】，当該賃借人において事業の用に供したとしても，当該建物の借受けは，当該賃借人の課税仕入れに該当しないのであるから留意する。　【　】は筆者追加

借主が契約変更せずに，事務所利用をしているのであれば，消費税を差し引けない（仕入税額控除ができない）ことになります。

課税仕入れができないということは非課税の扱いになるため，オーナーにインボイスを要求されるということはないと考えます。

気をつけたいのが，これは【契約変更を行わず】ということが前提の規定です。

オーナーが事務所で利用していることを了承しているということは【暗黙での】契約変更があったとみなされる可能性があります。

外から見て事務所利用をしているかわからない程度であれば問題ないですが，看板などを出して明らかに事務所利用をしている状況を黙認してい

るのであれば，黙示の契約変更の合意ができていたのではないかと捉えられる可能性があります。

その場合には，事務所として課税扱いとして，消費税の課税取引になりますし，インボイスも必要になる可能性があります。

インボイス制度が始まった後に問題になることも考えられます。

この点，オーナーや借主と話し合って，実態に合わせて契約変更して，インボイスの対応をするのかしないのかをはっきりと決めた方がよいのではないでしょうか。

《参照》

消費税法基本通達６－13－８

Q42 借主に交付する重要事項説明書にもインボイス番号の記載は必要？

借主に交付する重要事項説明書には，インボイスを記載する必要があるのでしょうか？

A

重要事項説明書は，賃貸借契約書を締結する前に，契約条件が問題ないかを確認するための書類です。

宅地建物取引士が作成し，説明を行います。

インボイス発行事業者である不動産オーナーが作成しているものではないため，インボイスとして利用することはできません。

したがって，インボイス番号の記載は必要ありません。

また，インボイスに関する事項（貸主がインボイス登録事業者か否かなど）を重要事業説明の中で説明しなければいけない義務はありません（今後，法律や解釈が変わる可能性はあります）。

そのため，仲介時にインボイスについて重要事項説明の中で説明をしなかったことで業法違反になるということはないかと思われます。

しかし，駐車場やテナント物件を借りる借主にとっては重要な情報であり，契約後にインボイスの交付ができないことが発覚した場合には，トラブルになる可能性が予想されます。

できれば，重要事項説明で説明した方が望ましいと考えます。

43 インボイス登録しない外注業者に払う報酬は消費税分を下げて発注しても問題ない？

当社は管理している部屋のクリーニングを外注業者にお願いしています。

外注業者の一部の方にインボイス登録するつもりがないと言われています。

インボイスが発行されないことで当社が消費税の負担が増えてしまいます。

今後は消費税分の金額を下げて発注して問題ないでしょうか？

外注業者に一方的に値段を下げると独占禁止法上，問題になる可能性があります。

外注業者の収入が管理会社からの売上に大きく依存するなど，取引の継続が困難になることが事業経営上，大きな支障を来すような場合には，独占禁止法上の「優越的地位」に該当する可能性があります。

そして，一方的に値下げを通告したり，解除を通知することは「優越的地位の濫用」として独占禁止法違反になります（詳細は39～41ページを参照)。したがって，外注業者の状況を見て，慎重にアクションを取る必要があります。

なお，「優越的地位」にあってもインボイス登録を要請するだけであったり，合意して値下げは問題ありません。

まずは外注業者にしっかりとインボイス制度を説明し，登録の理解を求めましょう。消費税の納税を２割の負担にできる緩和措置を利用すると外注業者の負担は軽減されます。

それでも登録してくれない場合には，経過措置を使いながら，一部値下げに応じてもらうなどの話し合いをして納得してもらうのがよいと考えます。

Q44 従業員の経費の立替え。従業員からインボイスをもらう必要ある？

従業員が立て替えた経費の領収書は，会社宛に発行してもらったインボイスが必要になりますか？

また，従業員が出かけた場合に出張旅費の精算とともに日当を支給しています。

この場合，従業員からインボイスを交付してもらわないといけないのでしょうか？

従業員が経費を立て替えた場合の精算ですが，会社が仕入税額控除を受けるためには，会社宛のインボイスが必要となります。

しかし，従業員宛にもらった領収書（インボイス）をもらってきてしまうこともあるでしょう。

この場合には，従業員に必要事項を記載した立替金精算書を作成してもらうことで，仕入税額控除ができることになります。

なお，精算する経費が交通費の場合には，３万円未満の公共交通機関（船舶，バス又は鉄道）による旅客の運送については，公共交通機関特例としてインボイスの交付が免除されています。

また，社員に支給する出張旅費，宿泊費，日当等のうち，その旅行に通常必要であると認められる部分の金額については，課税仕入れに係る支払対価の額に該当するものとして取り扱われます（出張旅費特例。消費税法基本通達11－２－１）。

いずれもインボイスがなくても仕入税額控除が可能になりますので従業員からインボイスを交付してもらう必要はありません。

この場合，一定の事項を記載した帳簿のみの保存が必要になります。

《参照》
国税庁　「消費税の仕入税額控除制度における適格請求書等保存方式に関するQ&A」問41，92，104，107

Ⅳ 売買編

Q45 不動産売買の土地建物の区分はどうすればよい？

不動産売買の際，インボイスを発行するために建物金額と土地金額を区分する必要があると思います。

売買金額を土地と建物どのように分ければよいでしょうか？

不動産は，土地と建物を一括して売買されることが多いです。

不動産が事業用（住宅の賃貸用を含む）の場合，建物の売却代金は消費税の課税取引です。土地の売却代金は消費税の非課税取引です。

消費税の金額を明確にするために土地と建物を区分するべきですが，売買契約書に内訳を入れないことがよくありました。

買主にとっては，建物の金額を大きくすることによって，減価償却費を大きく取りたいという希望があります。

しかし，売主にとっては，建物の金額が大きくなるということは，消費税の負担が増えてしまうことになります。売主は消費税の負担を抑えるために建物金額を小さくしたいという思いがあるのです。

そのため，売主と買主の折り合いをつけるために，あえて内訳を入れないこともありました。

インボイス制度が始まるまでは，売主・買主が各々で合理的に区分すれば問題ありませんでした。しかし，インボイス制度が開始されることで，建物金額を明確にしなければならなくなる可能性があるのです。

インボイスの記載事項として，「税率ごとに区分して合計した対価の額（税抜き又は税込み）及び適用税率」があり，建物の対価の額を記載する必要があります。

では，どのように区分すればよいのでしょうか。

売買契約書に建物金額を明記しておけば，原則として，その金額が建物金額と認められます。

契約書に区分してあることで当事者の契約意思として，その価額が建物金額や土地金額になります。

しかし，契約書に記載したものが全て認められることではありません。

平成20年５月８日裁決事例では，下記の事情がある場合には契約書に記載した金額では認められないと言及しています。

① 契約当事者が通謀して租税回避の意思や脱税目的等の下に，故意に実体と異なる内容を契約書に表示した場合

② その価額に特段不合理な点が認められる場合

時価との乖離が著しい価額設定のような不合理と判断されないように気をつける必要があります。

売買契約書で区分されていない場合はどうすればよいでしょうか？

売買代金を土地部分と建物部分に合理的に区分する方法として国税庁のホームページでは下記のように紹介されています。

① 譲渡時における土地及び建物のそれぞれの時価の比率による按分

② 相続税評価額や固定資産税評価額を基にした按分

③ 土地，建物の原価（取得費，造成費，一般管理費・販売費，支払利子等を含む）を基にした按分

この区分方法を参考にすれば問題はないと考えます。

46　固定資産税精算金にもインボイスが必要？

不動産を売買する際に固定資産税の精算金を買主が売主に支払いますが，この精算金にもインボイスが必要になるのでしょうか？

売買において，売買代金とは別に，固定資産税精算金を支払う場合があります。

この固定資産税精算金は，固定資産税そのものではありません。

固定資産税は，毎年１月１日時点の所有者に課税されるものになります。年の途中で売却したとしても，課税されるのは，１月１日時点の所有者です。

しかし，所有権を持たないにもかかわらず固定資産税を負担するのは，酷になります。

そこで，商慣習上で，所有していた期間に応じて負担するように，固定資産税の精算をすることにしています。

したがって，この固定資産税の精算金は，商慣習上のものであり，税金ではないのです。

税務上は，この固定資産税精算金は，売買代金の一部として取り扱うことになっています。

消費税法基本通達10－１－６に以下のように規定されています。

> 固定資産税，自動車税等（「固定資産税等」という）の課税の対象となる資産の譲渡に伴い，当該資産に対して課された固定資産税等について譲渡の時において未経過分がある場合で，その未経過分に相当する金額を当該資産の譲渡について収受する金額とは別に収受してい

る場合であっても，当該未経過分に相当する金額は当該資産の譲渡の金額に含まれるのであるから留意する。

つまり，固定資産税精算金のうち建物に係る部分は，消費税の課税対象になり，この部分のインボイスを発行しなければならなくなることがあるのです。

土地の売買代金は非課税ですので，土地に係る固定資産税精算金も非課税です。

Q47 店舗付マンションを売却する場合のインボイスはどのように記載する？

1階が店舗，2～7階が住居になっている賃貸マンションを売却する場合に，インボイスの発行はどのようにすればよいでしょうか？

土地と建物は分ける必要があると思いますが，建物のうち店舗と住居部分の売買金額も区分しないといけないのでしょうか？

A

賃貸建物の売却金額は課税取引となり，土地の売却金額は非課税取引になるので，インボイスの発行は賃貸建物の売却金額となります。

建物のうち店舗部分と住居部分の金額についての区分までは必要ありません。

居住用賃貸建物については，原則仕入税額控除の対象になりません（詳細は46ページを参照）。

しかし，住宅の貸付けの用に供しないことが明らかな部分（店舗など）がある居住用賃貸建物の場合には，居住用賃貸建物をその構造及び設備の状況その他の状況により居住用賃貸部分とそれ以外の部分（店舗など）とに合理的に区分しているときは，それ以外の部分については仕入税額控除の対象になります。

合理的に区分しているときは，とあるため，区分することが義務付けられているわけではありません。

また売主の方で区分していなくても，買主の方で面積按分などで合理的に区分ができれば，その区分方法でも認められることになります。

また合理的に区分していなければ，建物全体が居住用賃貸建物として仕入税額控除ができませんが，課税期間の初日以後３年以内に，住宅の貸付け以外に供した場合，又は譲渡した場合は，仕入税額控除に加算して調整することになります（詳細は47，48ページを参照）。

区分して仕入税額控除をした方がよいか，建物全体を調整対象とした方がよいかは買主が判断すればよいことになります。

売主の方で住居部分と店舗部分の金額を分ける必要はないものと考えます。

《参照》

消費税法施行令 第50条の２（仕入れに係る消費税額の控除の対象外となる居住用賃貸建物の範囲）

Q48 不動産売買のためにインボイス登録。登録は契約時までか引渡し時までか？

不動産売買をするにあたってインボイス登録をしようと思っています。

インボイス登録は，売買契約締結時に必要でしょうか？

それとも不動産の引渡し時までに登録していればよいでしょうか？

A

買主がどのタイミングで仕入税額控除をするかによります。

消費税上では不動産の取得の時期について消費税法基本通達の取り扱いがあります。

不動産が固定資産である場合と棚卸資産である場合で若干異なっています。

〈消費税法基本通達〉

（固定資産の譲渡の時期）

９－１－13　固定資産の譲渡の時期は，別に定めるものを除き，その引渡しがあった日とする。ただし，その固定資産が土地，建物その他これらに類する資産である場合において，事業者が当該固定資産の譲渡に関する契約の効力発生の日を資産の譲渡の時期としているときは，これを認める。

（注）　本文の取扱いによる場合において，固定資産の引渡しの日がいつであるかについては，９－１－２の例による。

（棚卸資産の引渡しの日の判定）

９－１－２　棚卸資産の引渡しの日がいつであるかについては，例えば，出荷した日，相手方が検収した日，相手方において使用収益ができることとなった日，検針等により販売数量を確認した日等，当該棚卸資産の種類及び性質，その販売に係る契約の内容等に応じてその引渡しの日として合理的であると認められる日のうち，事業者が継続して棚卸資産の譲渡を行ったこととしている日によるものとする。この場合において，当該棚卸資産が土地又は土地の上に存する権利であり，その引渡しの日がいつであるかが明らかでないときは，次に掲げる日のうちいずれか早い日にその引渡しがあったものとすることができる。

⑴　代金の相当部分（おおむね50%以上）を収受するに至った日

⑵　所有権移転登記の申請（その登記の申請に必要な書類の相手方への交付を含む。）をした日

原則は，不動産の引渡し時に取得と判断されます。

インボイスの交付が必要になるのは，引渡し時になるため，インボイス登録は引き渡しまでにすればよいことになります。

ただし，売買契約書において，契約締結時をもって所有権を移転する旨が明記していれば，契約までにインボイス登録は必要になると考えます(一般的な不動産売買契約書には，引渡しをもって所有権を移転する旨が記載されていますので例外的なパターンにはなります)。

Q49 保証金の持ち回り方式での売買の注意点は？

売主と買主の間で保証金の精算を行なわず，買主が保証金返還債務のみを承継するという取引慣行に基づき（保証金の持ち回り方式），売買契約を締結する予定です。

この場合，売買契約書の建物代金のインボイスのみ発行すればよいのでしょうか？

A

売買の際に，敷金や保証金を買主に精算せずに売買し，買主に敷金・保証金の債務を負担させることを「保証金の持ち回り」といいます。

関西地方でよく見られる売買形式です。

売買代金から預かっている保証金を差し引いて，売買代金を精算しないということになります。

この取り扱いについては，神戸地裁平成４年12月25日判決で下記のように判断されています。

> 敷金・保証金の返還債務を免れる利益は，本件土地建物の譲渡に係る収益の額に含まれる経済的利益に該当する。

つまり，売主が保証金相当額の返済債務を免れる利益は，売主が得をしたのだから，土地建物の譲渡に係る「譲渡収入」に含まれるということです。

そして，建物の譲渡対価の額について消費税の課税対象になるのです。

テナントビルを持ち回り保証金方式で売却した場合には，保証金分を土地と建物に合理的に区分して，建物に係る分のインボイスの発行が必要になります。

Q50 中間省略登記をする場合の消費税とインボイスの発行はどうなる？

賃貸しているテナントビルをAからB，BからCへ売買する場合に，中間省略登記を利用しようと思っています。

中間省略登記をする場合のインボイス発行は誰がどのような形になるのでしょうか？

A

不動産をＡからＢへ売買，ＢからＣへ売買した場合に，不動産登記はＡからＢ，ＢからＣへ移転登記がされることになります。

中間省略登記とは，Ａから直接Ｃに登記上の名義を移転させることです。

通常どおりＡ→Ｂ，Ｂ→Ｃとの移転登記をすれば，登録免許税が２回分必要になりますが，１回分で済むというメリットがあります。

以前は，法務局は中間省略登記を認めていませんでしたが，次の２つのやり方であれば，中間省略登記が認められると判断されました。

① 第三者のためにする契約

ＡとＢとの間で不動産の売買契約を締結します。

その契約書に，「第三者のためにする契約であること」「Ｂが指定する第三者に直接権利を取得させることができる」などの条項を入れておきます。

その後，ＢとＣとの間で不動産の売買契約を締結（他人物売買）します。

ＢがＡに対してＣを指定することで，ＡからＣへ直接売買をする方法です。

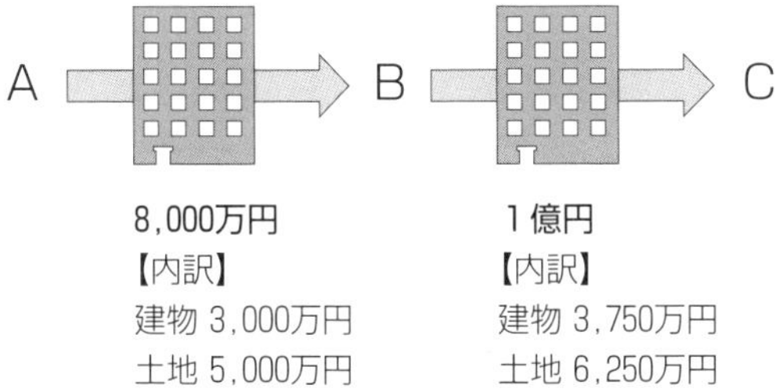

② 買主の地位の譲渡

ＡとＢとの間で不動産の売買契約を締結します。

その後，ＢがＣに対し，売買契約の買主としての地位を譲渡する契約を締結することで，ＡからＣへ直接売買をする方法です。

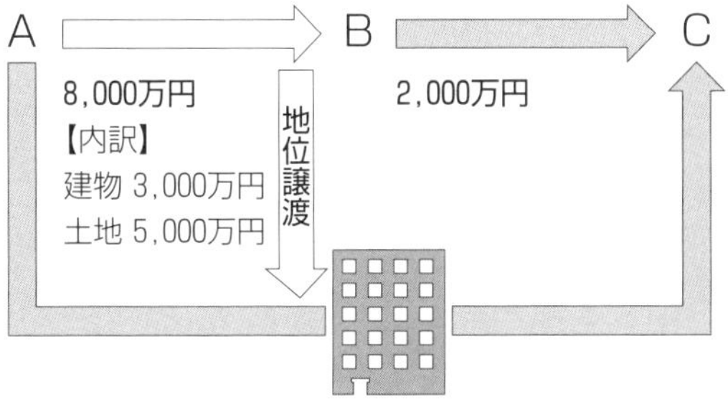

それぞれの方法について消費税課税とインボイスを解説していきます。

(1) 第三者のためにする契約

売買契約はAB間とBC間で締結されています。

登記上はＡ→Ｃへ移転したとしても，Ａ→Ｂ→Ｃへ目的物の移転がある場合には，登記の有無にかかわらず，Ａ→Ｂ，Ｂ→Ｃの売買契約が別個にあったものとして消費税が課税されることになります。

ＡはＢに対してインボイス（課税対象である建物売買代金3,000万円）を発行し，ＢはＣに対してインボイス（課税対象である建物売買代金3,750万円）を発行する必要があることになります。

不動産の売買のうち事業用の建物の売買代金が消費税の課税対象になるので，必要とされるインボイスは建物の売買代金分になります。

⑵　買主の地位の譲渡

消費税上の課税対象となる資産とは，取引の対象となる一切の資産をいい，棚卸資産又は固定資産のような有形資産のほか，権利その他の無形資産が含まれることとされています（消費税法基本通達５－１－３）。

無形資産も含まれるため，契約上の地位の権利も対象となります。

この権利を対価をもって取引しているため，不動産取引における権利の譲渡として，消費税の課税対象になります。

インボイスについては，ＡからＣに対して不動産売買（課税対象である建物売買代金3,000万円）のインボイスを発行し，ＢからＣに対して地位譲渡（2,000万円）のインボイスを発行することになります。

Part 3

用語解説

Ⅰ　課税事業者と免税事業者

Ⅱ　簡易課税制度

Ⅲ　緩和措置

Ⅳ　経過措置

Ⅴ　媒介者交付特例

Ⅰ　課税事業者と免税事業者

課税事業者とは，消費税を申告する義務がある事業者です。

免税事業者とは，消費税を申告する義務がない事業者です。

事業者であれば必ず，消費税を申告するとは限りません。

課税事業者，つまり消費税を申告する義務がある人は，次の要件を満たした場合に限られます。

個人と法人で若干判定が異なります。課税事業者の判定は，課税期間において課税事業者の場合には，税抜きで判定し，免税事業者の場合には，税込みで判定します。

1　個人の場合

①　2年前（基準期間）の課税売上高が1,000万円超ある場合

賃貸経営で，消費税の課税売上げとなる主なものは次のとおりです。

・　事務所や店舗（住宅用以外）の賃料，共益費，礼金，更新料

・　駐車場や駐輪場の使用料

・　事務所や店舗で預かっている敷金や保証金のうち返還しない金額（敷引き，保証金の償却）

これらの合計金額が1,000万円を超えないと課税事業者にはなりません。

住宅用の家賃については非課税とされています。社宅は住宅用なので，この家賃も非課税になります。

これは借主が法人でも同じです。

法人が借主になるからといって，課税売上げになるものではありません。

しかし，賃貸用（住宅用，事業用問わず）の建物の売却は，課税売上げ

に該当します。

つまり，賃貸物件の売却があると，突発的に課税事業者になることがあるので注意が必要です。

		譲渡	貸付け
土地		非課税	非課税
建物	住宅	課税	非課税
	住宅以外	課税	課税

②　前年の１月～６月までの期間（特定期間）の課税売上高が1,000万円超ある場合

２年前の課税売上げが1,000万円なくても，前年の半年間で1,000万円超の課税売上げがある場合には，課税事業者になります。

しかし，課税売上高に代えて，給与等支払額の合計額により判定することもできるため，半年間の給与額で1,000万円未満であれば，課税事業者と判定されません。

③　消費税の原則課税になっている年に，1,000万円（税抜）以上の建物，附属設備，構築物などを購入した場合のその年を含む３年間

２年前の判定にかかわらず，課税事業者（原則課税）のときに，1,000万円以上の建物などを購入すると３年間，課税事業者が強制されます。

簡易課税にもなれないため，注意が必要です。

④　「課税事業者選択届出書」を税務署に提出した場合

課税売上げが1,000万円未満であっても，届出を提出することで，課税売上高に関係なく，課税事業者となります。

「取りやめ」の届出を提出するまで課税事業者が続くので注意が必要です。

なお，令和11年９月30日までの期間は，免税事業者がインボイス登録する場合は，経過措置として，登録日から課税事業者となり，登録を受けるにあたり，課税事業者選択届出書を提出する必要はありません。

2 法人の場合

① 前々期（基準期間）の課税売上高が1,000万円超ある場合

② 前事業年度開始日以後６か月の期間等（特定期間）が1,000万円超ある場合

課税売上高に代えて，給与等支払額の合計額により判定することもできるため，半年間の給与額で1,000万円未満であれば，課税事業者と判定されません。

なお，法人の基準期間が12か月ないときや，特定期間が７か月ないときの課税売上高の計算は，特別な計算をします。

③ 消費税の原則課税になっている年に，1,000万円（税抜）以上の建物，附属設備，構築物などを購入した場合のその年を含む３年間

④ 新規法人で資本金（出資金）が1,000万円以上ある場合の１期目と2期目

新規法人は２期前がありませんので，基本的には１期目と２期目は免税事業者になりますが，資本金が1,000万円以上あれば，課税事業者が強制されます。

⑤ 「課税事業者選択届出書」を税務署に提出した場合

令和11年９月30日までの期間は，免税事業者がインボイス登録する場

合は，経過措置として，登録日から課税事業者となり，登録を受けるにあたり，課税事業者選択届出書を提出する必要はありません。

Ⅱ　簡易課税制度

簡易課税制度とは，中小規模事業者を対象とした消費税の計算を簡単にしてくれる制度です。

消費税の原則は，預かった消費税から支払った消費税を差し引いた金額を納めます。

簡易課税制度では，「みなし仕入率」というパーセンテージを使い，売上にそのパーセンテージをかけたものを仕入にかかる消費税とみなすということにしています。

仕入に係る消費税に関係なく，売上に係る消費税だけで，納税する消費税を計算する制度です。

売上に係る消費税（預かった消費税）	－	仕入に係る消費税（支払った消費税）	＝	納税（還付）

〈みなし仕入率〉

第一業種（卸売業）	90%
第二業種（小売業など）	80%
第三業種（製造業など）	70%
第四業種（その他の事業）	60%
第五業種（サービス業等）	50%
第六業種（不動産業）	40%

テナントの家賃収入，駐車場収入は不動産業として第六種事業になります。

10万円の消費税を受け取ったものに対して，支払う消費税は6万円になります。

控除できる消費税が，売上に係る消費税の40％未満なら簡易課税制度が得になります。いわば合法的に益税が認められるのです。

簡易課税制度を利用するための要件があるので注意してください。

【要件】

- ２年前（２期前）の課税売上高が5,000万円以下であること
- 簡易課税の適用を受けようとする課税期間の開始の日の前日までに「消費税簡易課税制度選択届出書」を提出していること

「消費税簡易課税制度選択届出書」を提出した場合，２年間は簡易課税制度をやめることはできません（ただし，簡易課税制度選択届出書を提出している場合であっても，基準期間の課税売上高が5,000万円を超える場合には，その課税期間については，簡易課税制度は適用できません）。

なお，免税事業者が令和５年10月１日から令和11年９月30日までの日の属する課税期間中に「簡易課税制度選択届出書」を提出した場合，その課税期間の初日の前日に提出したものとみなされる経過措置が設けられています。

個人が令和５年10月１日から登録事業者になった場合，令和５年12月31日までに「簡易課税選択届出書」を提出すればよいことになります。

Ⅲ　緩和措置

緩和措置（２割特例）とは，令和５年度税制改正に加えられた，フリーランスなど小規模事業者がインボイス登録することによる負担を緩和するための制度です。

> 令和５年10月１日から令和８年９月30日の期間，免税事業者が課税事業者に切り替えた場合，納税額を売上税額の２割とすることができる

例えば，10万円の消費税を受け取った場合には２万円の納税でよいということになります。

《対象者》

- 免税事業者がインボイス登録事業者になった場合
- 課税事業者選択届出書を提出して課税事業者になった場合

《対象にならない場合》

- 基準期間の課税売上高が1,000万円超の場合
  ⇒　令和３年に不動産を売却して令和５年に課税事業者になる場合など
- 令和５年10月１日前から課税事業者選択届出書を提出している場合の令和５年10月１日の属する課税期間
- 課税期間の特例（１か月や３か月の期間短縮）の適用を受ける課税期間

《適用要件》

- 確定申告書に適用を受ける旨を付記する
  ⇒　適用するかどうかの選択は確定申告時でよい

・　簡易課税制度（※）を適用していても選択は可能

　⇒　簡易課税制度と緩和措置の有利な方を選択できる

※　簡易課税制度は，選択届出書の提出，基準期間の課税売上高5,000万円以下などの要件が必要です。

インボイス登録すると，その課税期間は免税事業者に戻れないため経過措置の適用はできないため注意が必要です。

Ⅳ 経過措置

インボイス制度が導入しても，急激な変化にならないように経過措置が設けられています。

経過措置の期間中は，免税事業者からの課税仕入れについても，仕入税額相当額の一定割合を控除できることになります。

期間	控除
2023年（令和５年）10月１日～2026年（令和８年）９月30日	80%控除
2026年（令和８年）10月１日～2029年（令和11年）９月30日	50%控除

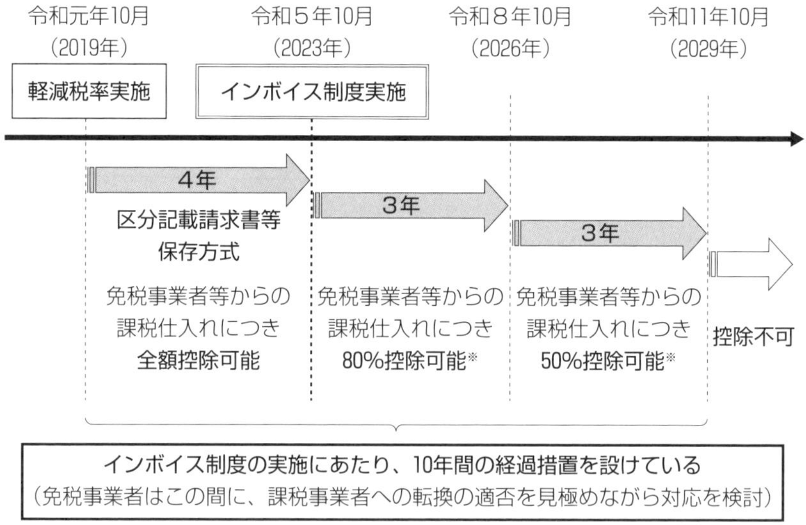

これを利用して，免税事業者のまま，仕入税額控除ができない部分に相当する金額を値引きすることで，取引先の負担がないようにできる可能性があります。

この経過措置の適用を受けるためには，次の事項が記載された帳簿及び請求書等の保存が必要になります。

《帳簿の記載事項》

① 仕入先の氏名又は名称

② 取引年月日

③ 取引内容及び経過措置の適用を受ける旨

④ 支払対価の金額

《請求書等の記載事項》

① 作成者の氏名又は名称

② 取引年月日

③ 取引内容

④ 税率ごとに合計した税込価額

⑤ 宛名

V　媒介者交付特例

媒介者交付特例とは，媒介又は取次ぎを行う者である受託者が，委託者に代わって，受託者の氏名又は名称及び登録番号を記載したインボイスを，委託者の取引先に交付することができる特例です。

媒介者交付特例は，物の販売などを委託し，受託者が買手に商品を販売しているような取引だけではなく，請求書の発行事務や集金事務といった商品の販売等に付随する行為のみを委託しているような場合も対象となります。

媒介者交付特例を適用する場合における受託者の対応及び委託者の対応は，次のとおりです。

《受託者の対応（新消令70の12①③）》

① 交付した適格請求書の写し又は提供した電磁的記録を保存する。

② 交付した適格請求書の写し又は提供した電磁的記録を速やかに委託者に交付又は提供する。

（注） 委託者に交付する適格請求書の写しについては，例えば，複数の委託者の商品を販売した場合や，多数の購入者に対して日々適格請求書を交付する場合などで，コピーが大量になるなど，適格請求書の写しそのものを交付することが困難な場合には，適格請求書の写しと相互の関連が明確な，精算書等の書類等を交付することで差し支えありませんが，この場合には，交付した当該精算書等の写しを保存する必要があります（インボイス通達３－８）。

なお，精算書等の書類等には，適格請求書の記載事項のうち，「課税資産の譲渡等の税抜価額又は税込価額を税率ごとに区分して合計した金額及び適用税率」や「税率ごとに区分した消費税額等」など，委託者の売上税額の計算に必要な一定事項を記載する必要があります。

《委託者の対応（新消令70の12④)》

① 自己が適格請求書発行事業者でなくなった場合，その旨を速やかに受託者に通知する。

② 委託者の課税資産の譲渡等について，受託者が委託者に代わって適格請求書を交付していることから，委託者においても，受託者から交付された適格請求書の写しを保存する。

《媒介者交付特例の取引図》

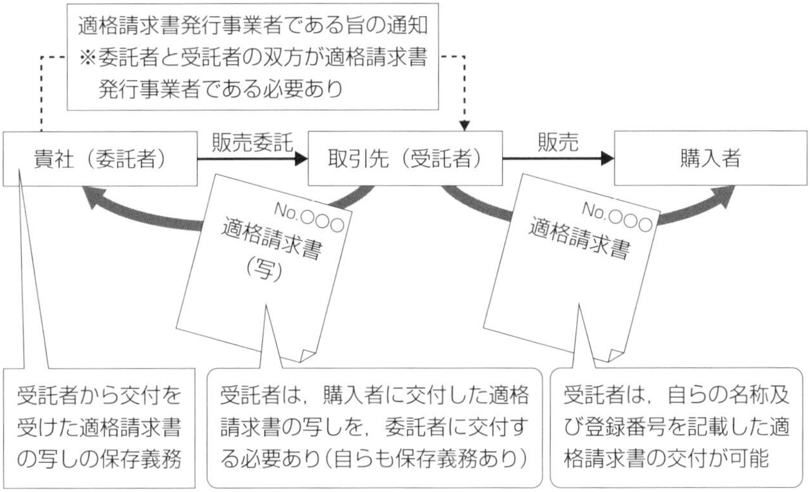

おわりに

最後までお読み頂きましてありがとうございました。

本書を通して不動産業におけるインボイスの影響が大きいことがわかって頂ければ幸いです。

インボイス制度が始まって不動産業界がどうなるのか不安な部分ではあります。

制度が始まってみないとまだまだわからない部分がありますが，不動産業界に携わるみなさんと一緒に乗り越えていきたいと思っています。

賃貸経営にたずさわっていることで，私の知識や経験を役立てるときが来たのかなと思っています。

私は，これからも全国の困っている大家さんを救っていきたいと思っています。

そのためには，私一人だけの力では到底難しいと実感しています。

そこで，大家さんのために一緒に問題解決をしていくと決意した税理士を集めたネットワークを作りました。

大家さん専門税理士ネットワークKnees bee（ニーズビー）という名前です。

税理士のフランチャイズ組織で，各地で税理士パートナーを増やしていき，全国対応できるようにしていきます。

ホームページも作っています。コラムも連載しているので，よかったらご覧頂ければと思います。

大家さんの知恵袋（https://knees-ohya.com/）

YouTubeでも大家さんに向けた情報発信をしています。賃貸経営のこと，税金のことを短い時間でわかりやすく解説しております。こちらもご覧頂ければと思います。

また，インボイス相談窓口（公式LINE）の設置し，不動産に関するインボイスの質問をチャットにて無料で相談できる仕組みを作りました。

お気軽にご登録いただければと思います。

登録先等は著者紹介ページをご覧ください。

2023年８月　渡邊 浩滋

渡邉 浩滋（わたなべ　こうじ）

税理士，司法書士，宅地建物取引士。

1978年，東京都江戸川区生まれ。明治大学法学部卒業。

税理士試験合格後，実家の大家業を引継ぎ，空室対策や経営改善に取り組み，年間手残り▲200万円の赤字経営から1,400万円までのＶ字回復をさせる。

大家兼業税理士として悩める大家さんの良き相談相役となるべく，不動産・相続税務専門の税理士法人に勤務。

2011年12月に同事務所設立，2022年10月法人化。

2018年から大家さん専門税理士ネットワーク Knees bee（ニーズビー）を立ち上げ，大家さん専門税理士のフランチャイズ展開を開始。

全国の大家さんを救うべく活動中。

【主要著書】

『大家さん税理士によるキャッシュを増やす節税教科書』（ぱる出版）

『相続したボロ物件どうする？【第２版】：賃貸アパート経営の道しるべ』（税務経理協会）

『税理士大家さん流キャッシュが激増する無敵の経営』（ぱる出版）

『大家さんのための超簡単青色申告』（クリエイティブワークステーション）

他多数

大家さんに役立てて頂ける情報を“無料”で発信しておりますので，是非ご登録ください。

◆YouTubeチャンネル【大家さんの知恵袋】

毎日更新しています！

登録はコチラから⇒

https://www.youtube.com/@user-nl9st4vg9u/featured

◆メルマガ【大家さんの知恵袋】

税金のご相談，賃貸経営に関するご相談をお受けしメルマガにてご回答しております。

その他，セミナーや相談会のご案内，大家さんのための保険や法律情報を発信しています。

登録はコチラから⇒

https://knees-ohya.com/news/200106merumaga/

◆インボイス相談窓口【公式LINE】

不動産に関するインボイスの質問を，チャットで無料相談が出来ます。

①　大家さん向け　↓　　　②　管理会社さん向け　↓

①　https://liff.line.me/1645278921-kWRPP32q/?accountId=874qeidt

②　https://liff.line.me/1645278921-kWRPP32q/?accountId=383caqur

オーナー・管理会社のお悩み解決！

不動産賃貸業のインボイス対応　Q&A50

2023年9月30日　初版発行

著　者　渡邊浩滋

発行者　大坪克行

発行所　株式会社 税務経理協会

〒161-0033東京都新宿区下落合1丁目1番3号

http://www.zeikei.co.jp

03-6304-0505

印　刷　株式会社　技秀堂

製　本　牧製本印刷株式会社

デザイン　原宗男（カバー，イラスト）

編　集　野田ひとみ

本書についての

ご意見·ご感想はコチラ

http://www.zeikei.co.jp/contact/

ISBN 978-4-419-06931-5　C3034